Thorsten Bürklin, Michael Peterek

Stadtbausteine

Thorsten Bürklin, Michael Peterek

Stadtbausteine

BIRKHÄUSER
BASEL

Inhalt

Vorwort

Gebäude entstehen nicht als losgelöste Elemente, sondern in einem Kontext aus natürlicher bzw. gebauter Umwelt. Dies können geschichtliche, kulturelle, landschaftliche Bezüge sein – in unserem heutigen Umfeld sind es jedoch zumeist urbane Zusammenhänge, in denen Planungen umgesetzt werden und Architektur entsteht. Eine Stadtstruktur kann, begründet durch ein entsprechendes Wachstumspotenzial der Stadt, auch in großem Maßstab auf dem Reißbrett geplant und in einem Zuge realisiert werden. Oftmals sind es jedoch über viele Generationen gewachsene und durch verschiedene Einflüsse und Ideologien überlagerte Städte, in denen Stadtplaner und Architekten ihre Entwürfe entstehen lassen. Trotz dieser Vielschichtigkeit existieren im städtischen Gefüge wiederkehrende Bausteine, die ein Umfeld ausbilden und prägen.

Im Themenblock Städtebau der Studentenreihe „Basics" sollen Studenten des Städtebaus und der Architektur städtebauliche Grundlagen didaktisch und praxisnah vermittelt werden. Um das Gefüge der Stadt und seine Gestaltung grundsätzlich verstehen zu können, werden im vorliegenden Band die typischen Stadtbausteine und ihre Eigenschaften beschrieben: Reihe, Block, Hof, Passage, Zeile, Solitär, Gruppe und Kiste werden anhand struktureller Prinzipien und funktioneller Möglichkeiten sowie kulturgeschichtlicher Bezüge verständlich erläutert. Die Kenntnis der Elemente, mit denen eine Stadt gestaltet wird, ist eine wichtige Basis für die analytische und entwurfliche Beschäftigung mit der Stadt – sei es, um neue städtische Gefüge zu schaffen, bestehende Stadtstrukturen zu ergänzen bzw. zu erneuern oder ein einzelnes Gebäude in einem städtischen Umfeld entstehen zu lassen.

Bert Bielefeld, Herausgeber

Einleitung

Die Stadt ist mehr als nur eine Addition von Einzelgebäuden und daher auch mehr als eine nur „vergrößerte" Architektur. In ihren Quartieren und Stadtteilen – und somit im Bereich unseres alltäglichen Aktionsraumes – besteht sie aus gebauten Strukturelementen, die zwischen den Maßstabsebenen des einzelnen Architekturobjekts auf der einen und größeren Einheiten (wie des Stadtquartiers bzw. der Gesamtstadt) auf der anderen Seite vermitteln – und damit auch zwischen der Individualität (und Privatheit) von Haus und Parzelle und der Kollektivität (und Öffentlichkeit) einer umfassenderen städtischen Umgebung.

Man kann diese Strukturelemente auch Stadtbausteine nennen. Sie treten im Stadtgrundriss zunächst durch unterschiedliche Formen und Geometrien in Erscheinung: als Reihe, Block, Hof, Passage, Zeile, Solitär, Gruppe, „Kiste". Natürlich sind vielfältige Kombinationen der Stadtbausteine denkbar und in der städtischen Realität erlebbar. Durch ihre besondere Gestalt und ihre eigentümliche Mischung beeinflussen sie das Zusammenleben der Menschen, indem sie bestimmte Funktionen und Lebensweisen fördern, andere hingegen eher behindern. Das Wissen hierüber gehört daher zum grundlegenden „Handwerkszeug" des Städtebaus, mit dem sich Stadtplaner, aber auch Architekten auseinanderzusetzen haben, um die Folgen ihres Entwerfens abschätzen zu können. Nur mit dem Wissen um die einzelnen in Form, Funktion, Größe und Bedeutung sehr verschiedenen Stadtbausteine kann städtebaulich verantwortlich entworfen werden.

Die Stadtbausteine sollen daher im Folgenden unter verschiedenen Gesichtspunkten dargestellt werden: Dazu gehören ihre räumliche Struktur und Gestaltung, die funktionalen Belange, die Frage nach der Vernetzung mit dem städtischen Umfeld, die damit einhergehende Differenzierung von privaten und öffentlichen Bereichen, die Entstehungsbedingungen und gegebenenfalls die im Laufe der Geschichte zu beobachtenden Veränderungen dieser grundlegenden Strukturelemente der Stadt. Historische und aktuelle Beispiele werden zur Illustration der einzelnen Betrachtungen herangezogen.

Dementsprechend wird jeder Stadtbaustein in Bezug auf die folgenden vier Hauptaspekte erläutert:

— Form und räumliche Struktur (die physische Beschreibung des Bausteins an sich)
— Stadtraumbildung (Wirkung und Bedeutung des Bausteins für sein Umfeld und den städtischen Raum)
— Funktionen, Orientierung und Erschließung
— Beispiele aus der Geschichte

Natürlich ist die Abgrenzung der einzelnen Stadtbausteine in der baulichen und städtebaulichen Wirklichkeit nicht immer so eindeutig, wie die inhaltliche Systematik dieses Bandes zunächst glauben macht. Denn es gibt eine reiche Vielfalt an Überlagerungen, Grenzfällen und „Hybriden", welche nicht unter eine klar zu definierende Kategorie fallen.

Dennoch ist es unerlässlich, die Stadtbausteine zunächst in ihrer reinen Form kennen zu lernen, um aufgrund dieses Wissens die in den Städten anzutreffenden Kombinationen und Mischformen analysieren und in einem weiteren Schritt angemessen planerisch auf sie einwirken zu können. In diesem Sinne verfolgt der vorliegende Band das Ziel, grundsätzliche formale, funktionale und organisatorische Hinweise und Erkenntnisse zu den einzelnen Stadtbausteinen zu vermitteln.

Die Reihe

Die Reihe zählt zu den ältesten und wichtigsten Bausteinen der Stadt- und Siedlungsbildung. Einzelne Parzellen und Gebäude werden entlang einer geraden, geknickten oder auch gekrümmten Linie, die von der erschließenden Straße gebildet wird, aneinander gefügt. Somit entsteht über das individuelle Gebäude hinaus ein erster größerer, städtebaulicher Zusammenhang. Weite Teile unserer Städte und Dörfer bestehen in ihrer räumlichen Grundstruktur aus Reihen.

FORM UND RÄUMLICHE STRUKTUR

Bestimmend für die Reihe ist, dass die Gebäude mit ihren Ein- bzw. Zugängen stets zur erschließenden Straße hin orientiert sind. Von dieser Straße her erfährt die Reihe ihre räumliche und funktionale Bestimmung. > Abb. 1

Bezug zur Straße

Über das Prinzip der linearen Addition hinaus können Reihen ganz unterschiedliche Bebauungsformen annehmen. Es gibt offene oder geschlossene, ein- oder doppelseitige Reihen. Bei der offenen Reihe aus Einzel- oder Doppelhäusern entstehen Freiräume um die Gebäude herum. Während Einzelhäuser gänzlich frei stehen, berühren sich die Teilgebäude von Doppelhäusern an einer Seite. Bei der geschlossenen Reihe bleiben keine Lücken. Die Gebäude bilden eine erlebbare, durchgängige Raumkante.

Bebauungsformen

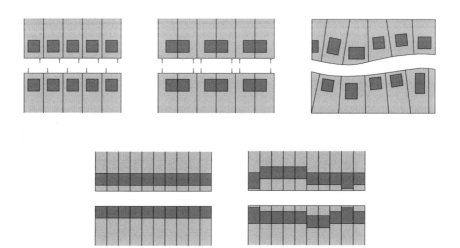

Abb. 1: Unterschiedliche Bebauungsformen der offenen und der geschlossenen Reihe

Abb. 2: Einseitige Reihe in Hanglage in Bath in Südengland

Eine einseitige Reihe ist gegeben, wenn nur eine Straßenseite von der Bebauung (sei diese offen oder geschlossen) begleitet wird. Bei einer doppelseitigen Reihe sind beide Seiten bebaut. Die Bebauungsweisen bei einer doppelseitigen Reihe müssen nicht zwangsläufig identisch sein. Beide Seiten besitzen durchaus eine formale Unabhängigkeit voneinander. Dabei lässt sich die Reihe – insbesondere in ihrer offenen Form – hervorragend an eine unter Umständen bewegte Topografie des Geländes anpassen. > Abb. 2

Vielfalt in der Einheit Die Reihe ist ein sehr flexibler Stadtbaustein. Sie lässt ganz unterschiedliche Formprinzipien zu. Die einzelnen Gebäude einer Reihe können in ihrem Erscheinungsbild, ihrer Kubatur (Breite, Tiefe, Höhe) und ihren Funktionen sehr regelmäßig oder sogar völlig identisch sein. > Abb. 3 Sie können aber auch sichtbar voneinander abweichen und in ihrer Gestaltung sehr differenziert, unregelmäßig und heterogen auftreten. > Abb. 4 Damit wird ein individuelles Erscheinungsbild und eine spezifische Identität jedes einzelnen Gebäudes ermöglicht.

Dennoch werden Reihen oftmals städtebaulich so angelegt, dass die einzelnen Glieder aufeinander abgestimmt sind. Das hat vor allem wirtschaftliche Gründe: Durch die Wiederholung eines Prototyps können die Gebäude und Wohnungen schnell und günstig erstellt werden. Einzel-, Doppel- oder Reihenhäuser gleicher Größe und gleicher innerer sowie äußerer Gestaltung prägen dann den Charakter eines ganzen Gebietes.

Prinzipiell ist die Reihe in ihrer Länge unendlich fortsetzbar. Allerdings wird die Längenentwicklung von Reihen durch die infrastrukturelle Belastbarkeit und allzu lange Distanzen eingeschränkt. Die Erschließung wird dann unwirtschaftlich. Zudem können die hinter den Gebäuden liegenden Grundstücke in ihrer Tiefe nicht als Bauland erschlossen werden.

Abb. 3: Reihe aus völlig gleichartigen Häusern am Royal Circus in Bath

Abb. 4: Reihe aus individuellen Häusern im Hafen von Amsterdam

Aus diesem Grunde werden Querstraßen eingeführt, welche die Reihen brechen und wirtschaftlichere städtebauliche Einheiten in Form von Blöcken erzeugen. > Kap. Der Block

Die Wirtschaftlichkeit ist auch der Grund, weshalb einseitige Reihen im Städtebau eher die Ausnahme bilden, denn bei doppelseitigen Reihen lässt sich mit nahezu dem gleichen infrastrukturellen Aufwand die doppelte Anzahl von Gebäuden versorgen. Einseitige Reihen bleiben im Allgemeinen auf besondere Lagen beschränkt – etwa an Siedlungsrändern oder auch entlang von Parkanlagen oder Flussläufen, wo besonders hochwertiger Wohn- und Arbeitsraum entstehen kann.

STADTRAUMBILDUNG

Durch ihren unmittelbaren Bezug zur Straße bilden Reihen klare und erlebbare Stadträume. Gleichzeitig sind sie über dieses Erschließungsnetz in die Gesamtstadt eingebunden und damit Teil eines zusammenhängenden städtischen Raumgefüges. Mit Reihen können Lücken und Zwischenräume in der städtischen Struktur sehr flexibel aufgefüllt werden, sie lassen sich auch leicht an andere Stadtbausteine (wie Block, Zeile oder Solitär) anschließen.

In ihrer Orientierung zur Straße hin wird die Reihe durch eine eindeutige sozialräumliche Differenzierung von vorne und hinten bestimmt. Diese äußert sich nicht nur in verschiedenen Nutzungsweisen – öffentlich zur Straße hin, privat oder gemeinschaftlich im rückwärtigen Raum des Gartens oder Hofes –, sondern auch in unterschiedlicher architektonischer Gestaltung, die zur Straße hin eher kontrolliert sowie auf Repräsentation bedacht, zur rückwärtigen Seite hingegen meist weniger reglementiert und vielfach durch erhebliche individuelle Aneignungs- und

Vorne und hinten

Veränderungsprozesse bestimmt ist (z. B. durch ergänzende An- und Ausbauten, etwa in Form von Terrassen, Pergolen und Wintergärten, Dachausbauten usw.).

Übergang zur Straße Eine besondere Bedeutung für die Stadtraumbildung hat die Gestaltung des vorderen Bereiches zur Straße hin und dabei insbesondere der Übergang vom privaten Raum des Hauses zum öffentlichen Raum der Stadt. Je nach Lage und Ausrichtung, Topografie, Gebäudetypologie usw. kann dieser Vor- und Übergangsbereich ganz unterschiedlich gestaltet sein. In der eng bebauten historischen Stadt standen die Häuser aus Gründen der Flächenökonomie meist direkt an der öffentlichen Straße. Grundstücksgrenze und Bauflucht fielen unmittelbar zusammen. Heute ist diese Lösung für Geschäftsnutzungen im Erdgeschoss nach wie vor sehr gut geeignet, für Wohnzwecke hingegen nicht, da bei gleichem Bodenniveau Fußgänger in die privaten Wohnräume einblicken können. Deshalb wird in der zeitgenössischen Stadt in den Wohnquartieren meist ein mehr oder weniger tiefer räumlicher Puffer zwischen der Privatsphäre des Hauses und dem öffentlichen Raum der Stadt vorgesehen. Dies kann z. B. ein Grünstreifen, ein Vorgarten oder auch ein privater Vorhof sein, der gleichzeitig Raum für wichtige wohnungsnahe Ergänzungsfunktionen bietet (wie PKW-Stellplätze, Carports, Abstellflächen für Fahrräder, Mülltonnen, aber auch Aufenthaltsflächen, Sitzplätze, Terrassen). Auch eine Baumreihe kann als räumlicher Übergang fungieren. Durch eine leichte Erhöhung des Erdgeschosses gegenüber dem Straßenniveau kann der Gefahr des Einblicks begegnet und gleichzeitig ein attraktiver Ausblick aus dem Wohnungsinneren in den Straßenraum geschaffen werden.
> Abb. 5

FUNKTIONEN, ORIENTIERUNG UND ERSCHLIESSUNG

Nutzungsmischung Durch ihre unmittelbare Anbindung an das städtische Straßen- und Erschließungsnetz kann die Reihe als Stadtbaustein im Grunde sämtliche

Abb. 5: Übergänge vom privaten Raum des Hauses zum öffentlichen Raum der Stadt

Funktionen aufnehmen. In den Straßenfolgen der historischen Stadtkerne und gewachsenen Ortslagen lässt sich diese Mischnutzung auch heute noch anschaulich nachvollziehen. Dabei bietet sich besonders das Erdgeschoss für die über das Wohnen hinausgehenden Nutzungen (wie Verkauf, Gastronomie oder Kleingewerbe) an. Bei Bedarf können sich diese Nutzungen aber auch in die Tiefe der Parzelle ausdehnen, etwa durch rückwärtige Anbauten oder zusätzliche Nebengebäude im hinteren Bereich des Grundstücks. Dies ist insbesondere bei geschlossenen Reihen zu beobachten, wo ansonsten wenig Platz zur Verfügung steht. Tordurchfahrten können hier Entlastung schaffen, indem sie die rückwärtigen Bereiche eines Grundstückes auch für den Fahrverkehr erschließen. Auf diese Weise erfährt allerdings dieses der Straße abgewandte, ansonsten eher ruhige und private Gelände zusätzliche Belästigungen durch einfahrende Autos, Lärm und allgemein eine größere Öffentlichkeit.

Im Zuge der modernen Stadtplanung und der ihr zugrunde liegenden Trennung der städtischen Funktionen in Wohnen, Arbeiten, Erholung und Verkehr nach der Charta von Athen hat sich allerdings in der zeitgenössischen Stadt auch die Reihe zu einem vielfach monofunktionalen Stadtbaustein gewandelt, der vornehmlich dem Wohnen vorbehalten bleibt.

Die Reihe in Form von Reihenhäusern in geschlossener Bauweise hat im 20. Jahrhundert eine sehr große Verbreitung erfahren, insbesondere unter dem Gesichtspunkt einer sparsamen Ausnutzung des in den wachsenden Stadtregionen nur begrenzt zur Verfügung stehenden städtischen Grundes und Bodens. Dank ihrer kleinteiligen Parzellierung erlaubt sie ein individuelles Wohnen auf eigenem Grundstück bei einer – im Vergleich zur offenen Reihe aus Einzel- oder Doppelhäusern – durchweg höheren Verdichtung. Zur Wirtschaftlichkeit möglicherweise standardisierter Elemente kommt hier der Vorteil der Flächen- und somit Kostenersparnis hinzu, da die einzelnen Häuser auf sehr schmalen Grundstücken errichtet werden können.

○ Verdichtete Reihenhäuser

Da Reihen entlang von Straßen gebildet werden, ist die Orientierung zur Himmelsrichtung und zur Sonne abhängig vom jeweiligen Straßenverlauf. Dadurch können die Belichtungs- und Besonnungsbedingungen der Häuser und Wohnungen je nach Grundstücksausrichtung stark variieren. Den möglicherweise ungünstigen städtebaulichen Lagebedingungen muss in diesen Fällen durch eine entsprechende innere Planung und Gestaltung der Gebäudegrundrisse (z. B. durch nach zwei Seiten durchbindende Grundrisstypen) begegnet werden, da insbesondere geschlossene Reihen sich jeweils nur zu bestimmten Tageszeiten zur Sonne

O orientieren.

Eine Sonderform der Reihenhausbebauung stellt die Stapelung von zwei Reihen übereinander dar. Dabei handelt es sich meist um eine Überlagerung von zwei so genannten Maisonetten, die auf der oberen Ebene durch Laubengänge erschlossen werden. Auf diese Weise lässt sich eine hohe städtebauliche Verdichtung erreichen – bei gleichzeitig hoher Wohnqualität und gleicher Atmosphäre, wie sie das separat erschlossene, individuelle Haus bietet. > Abb. 6

Mit dem Begriff des Stadthauses werden in jüngster Zeit Häuser in Reihen (aber auch Blockbebauungen) bezeichnet, bei denen die Funktionen des Wohnens und des Arbeitens in innerstädtischer Lage und bei hoher Verdichtung wieder zusammengeführt werden sollen. > Abb. 7 Stadthäuser sind mindestens drei-, vielfach auch viergeschossig, sie verfügen über genügend Raum für eine ergänzende gewerbliche Nutzung (wie z. B. einen Laden bzw. ein Büro im Erdgeschoss) oder auch eine (abtrennbare) Einliegerwohnung, einen privaten Hof oder einen Garten auf der rückwärtigen Seite und meist eine weitere Freifläche wie eine Dachterrasse. Architektonisch sind sie durch hohe Vielfalt und Individualität gekennzeichnet.

O **Hinweis:** Nach Osten und Westen ausgerichtete Reihen bekommen ausreichend Morgen- und Abendsonne, müssen dafür aber auf die direkte Mittagssonne verzichten. Diese kann allerdings im Sommer für eine sehr große Aufheizung der Innenräume sorgen, was dazu führt, dass Beschattungsvorrichtungen an den Häusern angebracht werden müssen. Nach Süden und Norden orientierte Reihen haben – auf der nördlichen Hemisphäre unserer Erde – den Vorteil der von Süden einstrahlenden Sonne, die vor allem während der Wintermonate angenehme Innenraumtemperaturen erzeugen kann und damit auch hinsichtlich der Energieeinsparung von Vorteil ist (so genannte passive Solarenergie-

nutzung). Allerdings hat diese Ausrichtung den Nachteil, dass mögliche Aufenthaltsräume auf der Nordseite des Gebäudes zu keiner Tageszeit (ausgenommen am späten Nachmittag im Hochsommer) von der Sonne beschienen werden. Deshalb sollten z. B. Kinderzimmer in keinem Fall mit einer solchen Orientierung geplant werden. Für Ateliers und bestimmte Arbeitsräume hingegen ist oftmals die Nordseite eines Gebäudes geeigneter, da bei relativ gleich bleibenden Lichtverhältnissen ungestört gearbeitet werden kann. Auf der südlichen Halbkugel unserer Erde gelten diese und alle Angaben in diesem Buch zu den Nord-Süd-Richtungen in entsprechend umgekehrter Weise.

Abb. 6: Gestapelte Reihen von jeweils zwei übereinander gelagerten Maisonetten in hoher städtebaulicher Verdichtung in der Siedlung Marquess Road in London

Abb. 7: Gereihte Stadthäuser in der Innenstadt von Karlsruhe

BEISPIELE AUS DER GESCHICHTE

Schon in den Städten des Altertums, wie etwa in den neu gegründeten Kolonien des antiken Griechenlands, spielte die Reihung mehr oder weniger gleichartiger Parzellen und Wohnhäuser eine wichtige Rolle. Die Gründe lagen in der Einfachheit und Rationalität des Prinzips bei der Aufteilung des städtischen Grundes und Bodens. Ein weiterer Vorteil war die so erzielte Gleichbehandlung (gleiche Bedingungen für alle bei gleichen Nutzungen) aller Bewohner.

Auch die Städte des Mittelalters basierten auf einer Reihung von städtischen Parzellen und Gebäuden, die in ihrer Typologie identisch, wenn auch im architektonischen Detail zum Teil differenziert waren. Das mischgenutzte Handwerker- und Kaufmannshaus bildete in diesen Fällen die Basiseinheit der Stadt. Es war auf seiner Vorderseite mit dem öffentlichen Raum der Stadt – deren Gassen, Straßen und Plätzen – verknüpft und orientierte sich mit seiner rückwärtigen Seite zu einem völlig privaten Bereich, der vielfach durch kaum einsehbare Höfe und Gärten bestimmt war, aber bei hoher städtischer Dichte und zusätzlichem Raumbedarf auch vollständig überbaut sein konnte. Typische Beispiele finden sich in zahlreichen mittelalterlichen Städten, z. B. in Danzig, Lübeck oder Amsterdam. Solche Städte haben bis heute ihre urbane Atmosphäre und Lebensqualität bewahrt. > Abb. 8

Mittelalterliche Stadthäuser

Vor dem Hintergrund der Kritik an der dichten Bebauung und den beengten Wohnverhältnissen in der historischen und insbesondere der industriellen Stadt des 19. Jahrhunderts wurden mit der zu Beginn des 20. Jahrhunderts von England ausgehenden Gartenstadtbewegung neue

Gartenstädte

Abb. 8: Gereihte mittelalterliche Bürgerhäuser in der Altstadt von Danzig

Siedlungen und Stadterweiterungen vermehrt nach dem Vorbild der offenen und geschlossenen Reihe angelegt. Dabei wurden städtebaulich-räumliche Zielsetzungen einer aufgelockerten und abwechslungsreichen Siedlungsstruktur mit allgemein lebensreformerischen Absichten, also mit sozialen, ökonomischen und gesundheitlich-hygienischen Aspekten, verknüpft. Insbesondere der bis dahin benachteiligten Arbeiterklasse sollte ein Wohnen im Grünen ermöglicht werden. Tiefe Gartenparzellen auf der Rückseite der gereihten Häuser dienten der landwirtschaftlichen Bewirtschaftung für den familiären Bedarf. > Abb. 9

○ Siedlungen der Moderne

An diese Konzepte knüpften teilweise auch die Reihenhaussiedlungen des Neuen Bauens im frühen 20. Jahrhunderts an, wie wir sie besonders exemplarisch in den Berliner Siedlungen von Bruno Taut und Martin Wagner oder den Siedlungen der Stadt Frankfurt am Main unter ihrem

○ **Hinweis:** Im Zentrum der Gartenstadtbewegung steht Ebenezer Howards Buch *Tomorrow: a Peaceful Path to Real Reform* aus dem Jahr 1898. In der Gartenstadt möchte Howard die Vorteile der Stadt mit denen des Landes verbinden. Die Gartenstädte sollen dem Wohnen und Arbeiten dienen, daher sind in ihnen auch Industrie sowie kulturelle Einrichtungen vorgesehen. Der Konzeption nach gruppieren sich sechs mehr oder weniger autarke Gartenstädte (mit je 32 000 Einwoh-

nern) um eine zentrale Stadtanlage (mit 58 000 Einwohnern). Es konnten allerdings nur wenige solcher unabhängiger Gartenstädte realisiert werden. Die erste war Letchworth (1904 gegründet), nördlich von London. In der Regel wurden Gartenstädte lediglich als Gartenvorstädte in den Peripherien bestehender Städte (und daher funktional wie wirtschaftlich von diesen abhängig) angelegt.

Abb. 9: Reihenbebauung in der Gartenstadt Karlsruhe   Abb. 10: Reihenhäuser in der Römerstadt in Frankfurt am Main

Stadtbaurat Ernst May finden. Die Siedlung Römerstadt (1927–1928) etwa basiert auf der Reihung von typisierten, sparsam geschnittenen, gereihten Familienhäusern, jeweils mit eigenem rückwärtigen Garten, die insgesamt zu einem Straßen- und Stadtraum von hoher atmosphärischer Qualität und Prägnanz zusammengefügt sind. > Abb. 10 ○

Gegenwärtig zeugt die Renaissance der Stadthäuser von der ungebrochenen Attraktivität des Stadtbausteins Reihe als innerstädtischer Wohnform mit hoher Individualität, die eine große Vielfalt differenzierter Lebensstile zulässt, während gleichzeitig die fast ungebrochene Zersiedelung des Umlands unserer Städte durch ihren Flächen verzehrenden Einfamilienhausbau den Bedarf nach nachhaltigeren und weniger flächenextensiven Modellen der Wohnraumversorgung dringend vor Augen führt.

○ **Hinweis:** Neues Bauen bezeichnet eine Architekturrichtung, die im Umkreis des 1919 in Weimar gegründeten Bauhauses (einer Schule mit Werkstätten für gestaltendes Handwerk, Architektur und bildende Künste) entstand. Vorrangige Ziele des Neuen Bauens waren die Überwindung des Historismus sowie eine rationale, nach industriellen Produktionsweisen gefertigte Architektur.

Der Block

Der Block (auch Baublock genannt) gehört neben der Reihe zu den sehr alten und bedeutenden Bausteinen der Stadt. Seit der Antike hat er die Struktur der europäischen Stadt wesentlich bestimmt, bis er zu Beginn des 20. Jahrhunderts wegen seiner sehr unterschiedlichen Wohnbedingungen in den Mittelpunkt der städtebaulichen Kritik geriet und erst am Ende des Jahrhunderts im Hinblick auf seine stadträumlichen Qualitäten wieder entdeckt wurde.

FORM UND RÄUMLICHE STRUKTUR

Außen und innen

Der Block besteht aus einer Gruppe von Parzellen (in Sonderfällen auch nur einer einzigen Parzelle), die allseitig von Straßen umgeben und erschlossen sind. Die Gebäude des Blocks sind mit ihrer Frontseite zur Straße hin orientiert. Damit entsteht eine prägnante Differenzierung von außen und innen und somit eine klare Orientierung der Gebäude zu einem vorderen öffentlichen und einem hinteren privaten Bereich. Das Blockinnere kann unbebaut, teilweise bebaut oder in Einzelfällen auch ganz überbaut sein. Es dient der Anlage von Gärten, Höfen, Freiflächen, Garagen, Abstellplätzen, Nebengebäuden usw.

Block-Geometrien

Die Grundrissgeometrien der Blöcke nehmen ganz unterschiedliche und beinahe beliebige Formen an. Sie können dreieckig, viereckig, quadratisch, polygonal, oval, halbrund oder auch kreisförmig sein – entscheidend ist, dass die allseitig umlaufende Erschließung und Orientierung nach außen gegeben ist. Entsprechend der jeweiligen geometrischen Grundform ergeben sich allerdings unterschiedliche Bedingungen für die architektonische und städtebauliche Gestaltung des Blocks (z. B. bei sehr spitz zulaufenden Blockecken), für die Belichtung der Wohnungen sowie für die Ausprägung und Qualität der inneren Freiflächen.

Baublöcke können rundum geschlossen bebaut sein. Ihre Randbebauung kann aber auch durchbrochen sein, Lücken aufweisen oder – als offene Blockbebauung – aus kürzeren Reihen-, Doppel- und Einzelhäusern zusammengefügt sein, die allerdings so dicht beieinanderstehen, dass der Gesamteindruck einer Blockbebauung nicht (zugunsten von Solitären etwa) verloren geht. > Abb. 11

Ausbildung der Blockecke

Eine besondere, nicht nur architektonische Herausforderung beim Block stellt die Gestaltung der Ecke dar. Auf der einen Seite erfährt diese durch ihre Erschließung von zwei Seiten eine besondere Lagegunst (z. B. für Läden, Gaststätten, sonstige Versorgungseinrichtungen). Auf der anderen Seite ist die Ecke aber auch ein kritischer Punkt, da sie mehrere Nachteile aufweist: Die rückwärtige (Grundstücks-)Fläche bleibt sehr klein oder fehlt fast völlig, sie bietet kaum private Nutzungs- oder

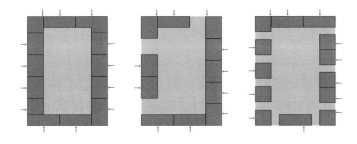

Abb. 11: Unterschiedliche Formen des Blockes

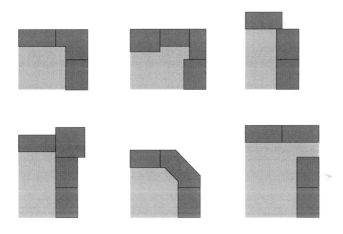

Abb. 12: Beispiele einer unterschiedlichen Ausgestaltung der Blockecke

Erweiterungsmöglichkeiten, und die schmalen rückwärtigen Fassadenanteile erlauben – je nach Himmelsrichtung – nur eine unzureichende Belichtung.

Oftmals findet man deshalb geplante Lücken an den Blockecken, um die schwierige Lichtversorgung der Übereckgebäude sicherzustellen. Aus demselben Grund werden die Ecken der Blockrandbebauung zuweilen gänzlich ausgelassen, abgeschrägt, mit breiteren oder im Gegenteil mit besonders schmalen Eckgebäuden versehen. > Abb. 12

STADTRAUMBILDUNG

Vernetzung mit der Stadt

Der Block ermöglicht eine intensive Vernetzung mit der umgebenden Stadtstruktur. Er ist eingebunden in das System der städtischen Straßen und Baufluchten, aus deren Zusammenhang er seine geometrische und räumliche Bestimmung erfährt. Damit entsteht ein von allen Seiten erreichbarer, durchgängiger und weitgehend geschlossener Stadtraum, der die Kontinuität der Baumassen und städtischen Außenräume bewahrt.

Die äußere Grenze des Grundstücks definiert gleichzeitig die Grenze zwischen dem öffentlichen Raum der Stadt und dem privaten Raum von Haus und Parzelle. Ähnlich wie bei der Reihe gibt es unterschiedliche Formen der räumlichen Gestaltung dieses Übergangs, je nachdem, ob die Gebäude unmittelbar an der Straße stehen oder – z. B. durch einen Vorgarten – etwas zurückgesetzt sind, ob Wohn- oder Geschäftsnutzungen im Erdgeschoss vorgesehen sind oder ob ein Sockel ausgebildet wird oder nicht. > Kap. Die Reihe

Vorder- und Rückseite

Die eindeutige sozialräumliche Differenzierung von außen (als Verbindung mit der Öffentlichkeit der Stadt) und innen (Bezug zum Gemeinschaftlichen und Privaten) spiegelt sich auch in der unterschiedlichen gestalterischen Regelung der beiden Seiten wider. Dies betrifft nicht nur die Freiraumgestaltung, sondern auch die Architektur. Die Fassaden zur Vorderseite mit ihrem für jedermann ersichtlichen Bezug zur Straße sind in der Regel mit einem relativ hohen gestalterischen Anspruch ausgeführt. Die Materialien werden im Hinblick auf ihren repräsentativen Charakter ausgesucht, Fassadenordnungen mit großer gestalterischer Disziplin hinsichtlich horizontaler und vertikaler Gliederung sowie Proportionen und Bauschmuck angelegt. Die von der Öffentlichkeit oder auch den Nachbarn nur eingeschränkt einsehbare oder zugängliche rückwärtige Seite ist hingegen oftmals nach praktischen Gesichtspunkten gestaltet. Fensteröffnungen müssen sich in geringerem Maße geometrischen Ordnungsprinzipien unterwerfen und sind in Größe und Position dem Bedarf (in Küche, Bädern, Neben- und Aufenthaltsräumen) geschuldet. Die Architektur ist dort wandlungsfähiger und wird schneller sich verändernden Anforderungen (etwa durch An-, Um- oder Ausbauten) angepasst.

○ **Hinweis:** In den gestalterisch einheitlicheren Blöcken des 20. Jahrhunderts kommt es aufgrund des veränderten Verständnisses vom Bauen und vom öffentlichen Raum allerdings vielfach zu einer Angleichung der Fassadenbehandlung im Inneren und Äußeren sowie der entsprechend unterschiedlichen sozialräumlichen Charaktere.

Insgesamt bietet der Block damit ein äußerst komplexes und flexibles Raumsystem, das sich als ein besonders gutes Modell zur Einbindung vielfältiger und differenzierter Verhaltensweisen, Aktivitäten und Aneignungsformen erweist.

Durch seine rationale und ökonomische Ausnutzung des städtischen Grundes und Bodens erlaubt der Block vergleichsweise hohe städtebauliche Dichten. Gerade angesichts der heutigen Diskussion um den zunehmenden Siedlungsflächenverbrauch im Umland unserer Städte kann dies als wichtiger ökologischer und auch ökonomischer Vorteil gewertet werden.

○ Hohe Dichte

FUNKTIONEN, ORIENTIERUNG UND ERSCHLIESSUNG

Durch seine Vernetzung und unmittelbare Einbindung in das räumliche Gesamtsystem der Stadt, ihre Straßen und Plätze, ist der Block für eine Aufnahme unterschiedlichster Nutzungen und Nutzungsmischungen sehr gut geeignet. Über die Jahrhunderte hinweg hat sich insbesondere die öffentliche Erdgeschosszone mit ihrer vielfach fehlenden Distanz zum Straßenraum und somit auch verringerten Privatheit als besonders geeignet für die Unterbringung von Läden, Handwerksbetrieben und Gaststätten erwiesen.

Nutzungsmischung

Der flexible rückwärtige Bereich des Blockes bietet Raum für zahlreiche Tätigkeiten und Nutzungen, die in ergänzenden Nebengebäuden ihren baulichen Ausdruck finden können. Gerade die Blöcke der mittelalterlichen und der gründerzeitlichen Stadt waren vielfach durch eine gewerbliche Innenbebauung geprägt, so dass es zu einem engen Miteinander von Arbeiten und Wohnen kam. Hin und wieder findet man sogar ein ganzes Fabrikgebäude inmitten einer Blockbebauung. > Abb. 13 Erschlossen wurden diese Hinterhöfe bei Bedarf durch Tordurchfahrten.

Zu Beginn des 20. Jahrhunderts wurde störendes Gewerbe (aufgrund des damit einhergehenden Lärms und der Verschmutzungen) im Zusammenhang mit der von der Charta von Athen propagierten Trennung der städtischen Funktionen nach Wohnen, Arbeiten, Erholung und Verkehr > Kap. Die Reihe aus den Blöcken ausgelagert. Seither dominiert daher weitgehend die Wohnnutzung. Die Innenbereiche bieten einen (Rückzugs-) Raum für private und gemeinschaftliche Frei- und Spielflächen, für Gärten und Grünanlagen.

Erst seit den siebziger Jahren des letzten Jahrhunderts bemüht man sich wieder um eine moderate Mischung einander nicht störender Nutzungen in der Stadt. Mit dem Wandel von der Industrie- zur Dienstleistungsgesellschaft haben sich auch die Art der Arbeitsplätze, ihr Störpotenzial bzw. ihre Integrationsfähigkeit in das Wohnumfeld eines Quartiers verändert. Nutzungsmischungen stellen in den meisten Fällen kein Problem, sondern vielmehr eine Qualität dar. Dazu bietet der Block nach wie vor hervorragende Voraussetzungen, auch wenn natürlich nicht

Abb. 13: Vielfältige Nutzungen im Blockinnenraum

alle Blöcke einer Stadt oder eines Stadtteils die gleiche Dichte an gewerblichen Nutzungen besitzen (können). Zu den Hauptverkehrsstraßen hin nimmt diese in der Regel deutlich zu. Schon in nicht allzu weiter Entfernung davon überwiegt aber auch in den Erdgeschossen die Wohnnutzung.

■

Gebäudetiefen und Orientierung

Da die Bebauung der Blockränder den Straßenverläufen folgt, kann bei der Ausrichtung der Gebäude zunächst keine Rücksicht auf unterschiedliche Himmelsrichtungen genommen werden. Insofern bei Ost-West-orientierten Gebäuden von einer durchschnittlichen Gebäudetiefe von etwa 11 bis 13 Metern ausgegangen werden kann, ist es im Falle von zweiseitig orientierten Wohnungen möglich, im nicht natürlich belichteten Grundrissinneren zusätzlich Nebenräume unterzubringen. Grundrisse, die vorrangig nach Norden und Süden ausgerichtet sind, sollten eine geringere Bautiefe von nur etwa 9 bis 11 Metern bei größeren Wohnungsbreiten besitzen, um damit die Front an der besonnten Südfassade besser ausnutzen zu können.

Über die Besonnung hinaus können jedoch auch der Straßenverkehr und die mit ihm verbundene mögliche Lärmbeeinträchtigung einen wichtigen Aspekt bei der Orientierung der Wohnungen in einem Baublock ausmachen. Daraus mag in manchen Fällen ein Abwägungsbedarf zwischen einer (womöglich straßenseitigen und lauten) Orientierung zur

Sonne und einer Orientierung zum ruhigen, aber gegebenenfalls verschatteten Innenhof (weg vom Straßenlärm) resultieren. Auch in diesen Fällen empfiehlt sich im Grundriss wieder das Prinzip des „Durchwohnens", um möglichst beiden Ansprüchen gerecht zu werden.

Parkplätze für den ruhenden Verkehr finden sich oftmals in Längs-, Parkplätze Schräg- oder Senkrechtaufstellung entlang der Straßen vor den Blöcken. Wenn diese in regelmäßigen Abständen von etwa fünf bis zehn Stellplätzen durch einen Straßenbaum aufgelockert werden, ergibt sich ein ansprechenderes, begrüntes Stadtbild. Aufgrund des gestiegenen Verkehrsaufkommens reichen die vorhandenen Stellplätze heute in den meisten Fällen nicht mehr aus. Dann sind Tiefgaragen unter der Randbebauung oder dem Innenraum vorzusehen, um die notwendigen Abstellflächen für den motorisierten Individualverkehr nachzuweisen. Dies kann allerdings zu Einschränkungen und erheblichen Kostenerhöhungen bei der Gestaltung der Freiflächen und Grünanlagen der Innenhöfe führen. Unbedingt zu vermeiden sind offene Stellplätze im Inneren des Blocks, da diese nicht nur zu visuellen Beeinträchtigungen, sondern auch zu Lärmproblemen und Konflikten mit den sonstigen eher ruhigen Nutzungen des rückwärtigen Bereiches führen. ■

BEISPIELE AUS DER GESCHICHTE

Der Block zählt seit der Antike zu den wichtigsten Elementen des Blöcke in der Antike Städtebaus. Schon im 6. Jahrhundert v. Chr. findet er in griechischen Städten Anwendung. Im 5. Jahrhundert hatte Hippodamos die Neugründung der Stadt Milet nach einem regelmäßigen orthogonalen Blockraster geplant. > Abb. 14 Nach dem gleichen System wurden eine Vielzahl von weiteren griechischen Kolonien wie etwa Olynth, Agrigent, Paestum oder auch Neapel angelegt.

■ **Tipp:** Um eine hohe Flexibilität bezüglich möglicher Nutzungsmischungen zu erlauben, bietet es sich an, die lichte Höhe im Erdgeschoss einer Blockbebauung, vor allem entlang einer Hauptverkehrsstraße, gegenüber dem für eine reine Wohnnutzung erforderlichen Maß von etwa 2,50 m etwas zu erhöhen, beispielsweise auf 3,00 bis 3,25 m.

■ **Tipp:** Als Faustregel kann man davon ausgehen, dass sich bei einer maximal dreigeschossigen Blockbebauung die notwendigen Stellplätze von mindestens einem Platz je Wohneinheit gerade noch in Form einer durchgängigen Senkrechtaufstellung im Straßenraum unterbringen lassen. Bei einer höheren Geschosszahl reichen die möglichen Parkplätze entlang der Straße auf keinen Fall aus.

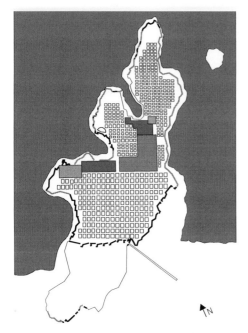

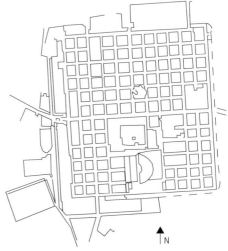

Abb. 14: Stadtplan von Milet, Griechenland

Abb. 15: Stadtplan des römischen Timgad in Algerien

Der römische Städtebau hat das Prinzip des Rasters übernommen und ebenfalls sehr konsequent auf seine Neugründungen – beispielsweise in Köln, Trier, Arles, Bologna und Florenz – angewandt. In der Regel sind diese aus einem Militärlager, dem castrum, entstanden. Zwei orthogonal sich schneidende Hauptstraßen, der in Nord-Süd-Richtung verlaufende cardo maximus und der in Ost-West-Richtung verlaufende decumanus maximus, bildeten das Rückgrat der städtischen Anlage. > Abb. 15 Die beiden Achsen teilten die Stadt in vier Bereiche. Auf diese Praxis gehen die Begriffe „Quartier" und „Viertel" zurück. Im Schnittpunkt der beiden Hauptstraßen lagen der Markt sowie wichtige öffentliche Gebäude. Parallel zu den Hauptachsen wurden weitere Nebenstraßen angelegt, wodurch die Blockstruktur entstand. Abweichungen gab es durch topografische Besonderheiten des jeweiligen Ortes, wie Hügel oder Flüsse, und durch bereits vorhandene Straßen, die in das städtische Netz mit aufgenommen wurden. Auf diese Weise veränderten sich auch die Grundrissfiguren der Blöcke, die an den topografisch schwierigen Stellen zu Dreiecken und unterschiedlichsten Vielecken (Polygonen) wurden.

Mittelalterliche
Stadtblöcke

Vielerorts überdauerten die Grundrissstrukturen der römischen Stadt den massiven Bevölkerungsrückgang und Städteverfall der nachrömischen Epoche, bis sie von den mittelalterlichen Städten wiederbelebt

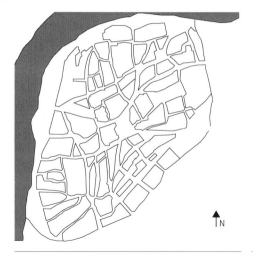

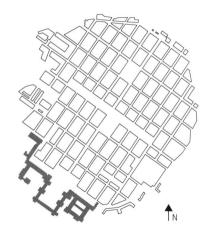

Abb. 16: Die Altstadt von Prag   Abb. 17: Der Stadtgrundriss von Mannheim (um 1824)

wurden. Auf dem römischen Raster entstanden zwar neue Gebäude, doch die Straßenführung und Ordnung der Blöcke blieb größtenteils bewahrt. Die mittelalterlichen Neugründungen und Stadterweiterungen, denen kein römisches Raster zugrunde lag, basierten zumeist auf einem System von polygonalen Blöcken unterschiedlichster Form und Größe. So entstand ebenfalls ein klar ausgeprägter öffentlicher Stadtraum von Straßen, Wegen und Plätzen, welcher der Erschließung, dem sozialen Miteinander und dem Handel diente, sowie ein rückwärtiger privater Innenbereich von Nebengebäuden, Höfen und Gärten. > Abb. 16

Die Neugründungen der Renaissance (wie die Festungsstadt Palmanova, 1593 nordöstlich von Venedig gegründet) und die Stadtplanungen des Barocks (z. B. Mannheim im 17. Jahrhundert) nahmen das antike Vorbild regelmäßiger Raster wieder auf. > Abb. 17 Gleiches geschah bei den Stadtgründungen in Süd- und Nordamerika. Spanische und portugiesische Eroberer transportierten das Prinzip regelmäßiger Baublöcke als formalen Grundsatz städtischer Anlagen in die Neue Welt. Bis heute haben sich diese Grundmuster als zentrale Ordnungsschemata erhalten (in Mexico City, Lima, Caracas, Santo Domingo und vielen anderen Städten). In Nordamerika ist das Beispiel Manhattans bekannt geworden, das von holländischen Auswanderern gegründet wurde und ein schachbrettartiges Muster als Grundlage des Stadtgrundrisses aufweist. Allerdings unterscheidet sich die gegenwärtige Bebauung durch Hochhäuser und Wolkenkratzer sehr von den klassischen Blockbebauungen geringerer Höhe.

Koloniale Neugründungen

Die rapide wachsenden Städte der Industrialisierung, vor allem des 19. Jahrhunderts, übernahmen die Blockstruktur aufgrund ihrer

Städte des Industriezeitalters

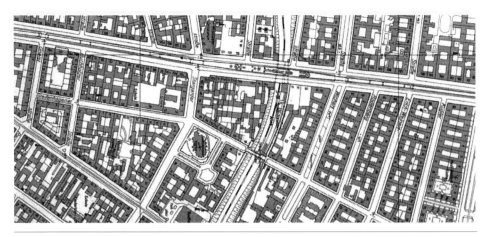

Abb. 18: Gründerzeitliche Blockstrukturen am Prenzlauer Berg in Berlin

herausragenden Eigenschaften in Bezug auf die Vernetzung mit der Gesamtstadt, die mögliche Nutzungsvielfalt und die hohen Bebauungs- und Bewohnerdichten.

In Berlin ging man während der Stadterweiterungen der so genannten Gründerzeit (1871–1914) sogar so weit, dichte Blöcke mit mehreren Hinterhöfen in Folge anzulegen, die durch Tordurchfahrten von der Straße aus erschlossen wurden. Das ermöglichte eine noch bessere Ausnutzung des zur Verfügung stehenden Grundes und Bodens, denn mit einem äußerst geringen Straßenanteil konnte man auf diese Weise sehr tiefe Grundstücke erschließen und eine noch höhere Dichte erreichen. Zahlreiche Zimmer in den Hinterhöfen, in denen bis zu 15 Personen lebten, erhielten aufgrund der dichten Bebauung zu keinem Zeitpunkt ausreichendes Tages- oder gar direktes Sonnenlicht. Die hygienischen Verhältnisse waren – schon aufgrund der hohen Bewohnerdichte von vielfach weit über 1000 Einwohnern pro Hektar – in den meisten Fällen völlig unzureichend, die Wohnbedingungen katastrophal. Tuberkulose und andere Seuchen waren weit verbreitet. > Abb. 18

Schon während des 19. Jahrhunderts wurden die unzureichenden sozialen und hygienischen Bedingungen zum Teil scharf kritisiert, etwa durch Friedrich Engels in seinem 1845 erschienenen Werk *Zur Lage der arbeitenden Klasse in England.* Diese Kritik führte zu Beginn des 20. Jahrhunderts zu einer teilweisen Reform des Baublocks, indem in den „neuzeitlichen" Blöcken die Hinterhofbebauungen aufgegeben und stattdessen durch gemeinschaftliche, begrünte Innenhöfe ersetzt wurden – etwa in den Projekten von Hendrik Petrus Berlage in Amsterdam, von J. J. P. Oud in Rotterdam oder von Fritz Schumacher in Hamburg.

Abb. 19: Neuer Baublock in der Südlichen Friedrichstadt in Berlin

Abb. 20: Beruhigte gemeinschaftliche Bereiche im
Inneren der Blöcke in der Südlichen Friedrichstadt

In den zwanziger Jahren drängten die Vertreter des Neuen Bauens
> Kap. Die Reihe darauf, den geschlossenen Block grundsätzlich durch die
frei stehende Zeile als maßgeblichen Stadtbaustein abzulösen. > Kap. Die
Zeile Diese Entwicklung veränderte das Erscheinungsbild der europäischen
Stadt von Grund auf. Mehrere Jahrzehnte lang spielte der Baublock als
Stadtbauelement kaum mehr eine Rolle.

Erst in den sechziger und dann vor allem in den siebziger und acht- Renaissance
ziger Jahren kam es in Italien, Frankreich, Deutschland und anderen des Baublocks
europäischen Ländern zu einer Wiedergeburt des Baublocks. Diese setzte
mit einer Kritik an den die Stadt zerstörenden Auswirkungen der modernen Architektur und des Neuen Bauens ein. In den von der Internationalen Bauausstellung in Berlin (IBA) zwischen 1980 und 1990 realisierten
Projekten kam diese veränderte Haltung, die auch als „Stadtreparatur"
bezeichnet wird, deutlich zum Ausdruck. > Abb. 19 und 20

O **Hinweis:** Im Jahre 1966 publizierte der Architekt
und Theoretiker Aldo Rossi ein einflussreiches Buch
mit dem Titel *L'architettura della città* (dt. Ausgabe:
Die Architektur der Stadt). Rossi hebt die stadtbilden-
den Eigenschaften von Blockstrukturen hervor. Er
betont die Kontinuität (Permanenz) solcher Strukturen
und deren Bedeutung für die Gesellschaft, ihre Identität und Geschichte.

Heute zählt der Baublock wieder zum alltäglichen Repertoire des Städtebaus, und auch die vor wenigen Jahren noch kritisierten Gründerzeitquartiere erfreuen sich dank ihrer urbanen Dichte und Mischung hoher Beliebtheit. Längst werden nicht mehr sämtliche Hinterhofbebauungen, selbst dort, wo sie sehr eng stehen, entfernt oder entkernt, sondern vielfach für attraktive und ungewöhnliche Wohnformen und Nutzungen (wie Ateliers, Loftwohnungen, nicht störendes Kleingewerbe) in Anspruch genommen – dort, wo es noch Platz gibt, wird sogar nachverdichtet.

O **Hinweis:** Die dichten Blockstrukturen der Industriestadt des 19. Jahrhunderts haben auch deshalb eine neue Attraktivität gewonnen, weil sich – bei gleicher baulicher Dichte – die Bewohnerdichten erheblich reduziert haben. Auf der Fläche einer Dreizimmerwohnung, in der vor 100 Jahren vermutlich 25 oder 30 Menschen lebten, wohnen heute vielfach nur zwei Personen.

Der Hof (der umgekehrte Block)

Der Hof (bzw. die Hofanlage) kann hinsichtlich der städtebaulichen Organisation als die Umkehrung des Blockes betrachtet werden. Die formale Anordnung der Gebäude kann bei Block wie Hof nahezu identisch sein. Während die Gebäude eines Blockes (d. h. die Blockrandbebauungen) jedoch von außen her erschlossen werden, betritt man die Gebäude eines Hofes von innen. Die Vorderseite eines Hofes weist dadurch nach innen, seine Rückseite nach außen. Der innere Bereich wird somit zu einem wenigstens teilweise öffentlichen Raum.

Der Begriff des Hofes – so wie er in der städtebaulichen Terminologie verwendet wird – leitet sich von typologischen Vorbildern wie dem mehrseitig umschlossenen Bauernhof oder der Klosteranlage mit ihren um einen Klosterhof gruppierten Gebäuden ab. Er bezeichnet also eine Gebäudegruppe mit einem für die formale sowie funktionale Organisation zentralen Freibereich, die als Ganzes eine gewisse Abgeschlossenheit und Introvertiertheit besitzt. ○

FORM UND RÄUMLICHE STRUKTUR

Höfe werden in der Regel als Ganzes geplant. Ihre Anlage ist in einem hohen Grade auf ein nachbarschaftliches und gemeinschaftliches Miteinander bezogen. > Abb. 21

Höfe können in einer sehr einheitlichen Form geschlossen umbaut sein, sie können sich aber auch aus einer Gruppierung von formal durchaus unterschiedlich gestalteten Gebäuden zusammensetzen. In beiden Fällen ist es allerdings wichtig, dass die Ränder des Hofes räumlich weitgehend geschlossen sind und außer Tordurchfahrten und Hofzugängen keine größeren Lücken bleiben, welche die Absonderung der Anlage stören könnten. Wo die Abgrenzung nicht durch Gebäude erfolgen soll, kann sie unter Umständen auch mit Hilfe anderer raumabschließender Elemente wie Mauern oder Hecken erreicht werden.

Abgrenzung nach außen

○ **Hinweis:** Im englischen Sprachraum findet auch die Bezeichnung *close* Verwendung, die auf das *claustrum,* den lateinischen Begriff für Kloster, zurückgeht und das „Abgeschlossene" bedeutet. Im Deutschen weist das Wort Klause (ein nach außen abgeschlossenes Gebäude oder auch eine Gebäudegruppe bzw. Einsiedelei) ebenfalls auf diesen Zusammenhang hin.

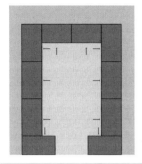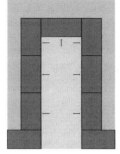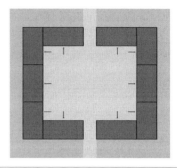

Abb. 21: Unterschiedliche Formen des Hofes

Wie schon der Block kann auch der Hof in seiner Geometrie ganz unterschiedliche Formen annehmen. Er kann auch als Teilelement einer Blockstruktur fungieren, indem er beispielsweise als Vorhof oder Eingangshof dient.

Indem die Vorderseiten des Hofes nach innen weisen und die Außenseiten dem öffentlichen Raum zugewandt sind (insoweit der Hof nicht vollständig eingebaut ist), haben die Fassaden nach beiden Seiten hin einen gestalterischen Anspruch zu erfüllen. Anders als beim Block lässt die hohe formale und gestalterische Kontrolle des Innenraums beim Hof kaum Spielraum für eher zufällige, also nicht geplante und genehmigte Einbauten und Ergänzungen. Die Durchbildung der Fassaden und die Verwendung von Materialien machen daher beim Hof kaum einen Unterschied zwischen vorne und hinten, zwischen innen und außen.

STADTRAUMBILDUNG

Halböffentliche Räume

Der Hof sondert sich zunächst vom durchgängigen System der öffentlichen Straßen- und Erschließungsräume ab. Er ist in der Regel zwar öffentlich zugänglich (denn ansonsten wäre die Erschließung der Gebäude nicht gewährleistet), bildet aber gleichzeitig einen Raum mit reduzierter Öffentlichkeit, dessen Charakter auch als halböffentlich bezeichnet werden kann. Dabei spielt die gestalterische Ausprägung der Übergänge vom Stadtraum in den Hofraum eine besondere Rolle. Diese können durch räumliche Einengungen, Höhenversprünge in Form von Rampen und Treppen, Tordurchfahrten, Veränderungen im Bodenbelag oder durch Begrünung und andere Maßnahmen mehr zum Ausdruck gebracht werden.

Hofanlagen sind nicht in einem so hohen Maße mit der städtebaulichen Umgebung verknüpft und weniger für eine Vernetzung geeignet wie der Block. > Kap. Der Block Die Erschließungen von Höfen sind oft nur Stiche, die als Sackgassen enden und das städtische Netz aufgrund ihrer Introvertiertheit bewusst nicht weiterführen. Der Hof bleibt gleichsam eine kleine Welt für sich. Durch Addition und eine Raumfolge von Höfen, die letztlich wieder im öffentlichen Stadtraum mündet, kann dieser Baustein wieder stärker mit seiner Umgebung vernetzt werden. Der Hof wird dann zu einer Art Passage. > Kap. Die Passage

FUNKTIONEN, ORIENTIERUNG UND ERSCHLIESSUNG

Der Hof wird vielfach als städtebauliches Modell für gemeinschaftsorientiertes (oder auch genossenschaftliches) Wohnen entwickelt. Er bietet diesem Wohnen einen Bezugsraum und eine Mitte. Dort können Bereiche einer gewissen Intimität und Ruhe geschaffen werden, die von der Hektik der umgebenden Stadt abgetrennt sind. Der Hof bildet eine teilautonome Einheit innerhalb eines Quartiers. Dies kann positive Auswirkungen auf das Sicherheitsgefühl und die Kontrolle des gemeinschaftlichen Raumes haben, da sich die Menschen kennen, die dort wohnen oder arbeiten, und Fremde unweigerlich auffallen. Durch die Ausrichtung wichtiger Elemente (wie Erschließung, Freiflächen, eventuell auch Aufenthaltsräume) auf den Binnenraum kann der soziale Anspruch akzentuiert werden. Dabei sind auch Nutzungsmischungen denkbar. Sondernutzungen und nicht störende Dienstleistungen, wie Büros und Praxen, können in die Struktur integriert werden. Gemeinschaftsbezug

Der Hof schafft ähnliche Orientierungs- und Belichtungsprobleme wie der Block. Auch hier haben sich vielfältige Varianten der gestalterischen Ausformung von Eckbereichen herausgebildet. > Kap. Der Block Dabei stellt die Innenecke insofern eine Besonderheit dar, als hier der eher kleinen Gebäudefront zum Hof hin eine größere Außenfläche auf der Seite des Gartens oder des rückwärtigen Bereichs entspricht.

Der Hof erlaubt eine hohe bauliche Ausnutzung des städtischen Grundes und Bodens. In Verbindung mit dem Block wird er häufig eingesetzt, um die Verdichtung noch zu erhöhen. Denn durch die Erschließung von innen kann er weitere Bauflächen in der Tiefe eines Grundstücks gut zugänglich machen. Hohe Baudichte

Über seine Erschließungsfunktion hinaus ist der Binnenraum ein Ort des gemeinschaftlichen Austauschs und Kinderspiels, ein Treffpunkt, Abstellbereich für Fahrräder und Kinderwagen, Anlieferungsbereich, gemeinschaftliche Grün- und Erholungsfläche und anderes mehr. Abstellplätze für Autos sollten hier möglichst nicht vorgesehen werden, um die Qualität als Aufenthaltsbereich und die Wohnruhe nicht zu stören.

Stellplätze sind daher möglichst außerhalb der Höfe oder in Tiefgaragen unter der Hoffläche unterzubringen. > Kap. Der Block

BEISPIELE AUS DER GESCHICHTE

Hofhäuser Als historische Vorbilder können die um einen oder mehrere Höfe organisierten Hofhäuser gelten, die es bereits in der Antike gab und die bis in die Gegenwart hinein insbesondere im mediterranen Raum anzutreffen sind. Vor allem in der islamischen Architektur haben sie sehr häufig Verwendung gefunden. Unter städtebaulichen Gesichtspunkten ist das Hofhaus allerdings als Grenzfall dieses Stadtbausteins zu betrachten, da es in der Regel lediglich auf einer einzigen Parzelle errichtet wird.

Gehöfte und Klosteranlagen Weitere historische Beispiele sind die in vielen Regionen anzutreffenden, nach außen hin weitgehend geschlossenen landwirtschaftlichen Gehöfte und Klosteranlagen. Beiden ist gemeinsam, dass sie nicht ausschließlich für eine Wohnnutzung errichtet wurden. Bei beiden baulichen Anlagen spielt neben der sozialräumlichen Abschirmung auch die Schutzfunktion nach außen eine wichtige Rolle. Als additive Erweiterung eines Klosterkomplexes kommt die mönchische Wohnanlage der Certosa in Pavia in Norditalien der Organisation von Höfen äußerst nahe. > Abb. 22

Gemeinnützige Wohnanlagen Die von Jakob Fugger in Augsburg um 1520 für die Armen errichteten Wohnanlagen können als ein frühneuzeitliches Beispiel für die Organisation gemeinschaftlicher Höfe betrachtet werden. Sie folgen dem Modell der schon im Mittelalter, insbesondere in den niederländischen Städten, anzutreffenden *hofjes*. Diese seit dem 13. Jahrhundert nachzuweisenden gemeinnützigen Anlagen dienten (vielfach als Stiftungen) der Wohnungsversorgung von bedürftigen Bevölkerungsgruppen wie Alten, Armen, Kranken oder Waisen. Zu den bekanntesten Beispielen zählt der Beginenhof in Amsterdam.

■ **Tipp:** Falls eine Tiefgarage geplant wird, kann es sinnvoll sein, den Hof gegenüber dem umgebenden Niveau um etwa einen Meter anzuheben, so dass die Rampenlänge der Zufahrt in die Tiefgarage entsprechend verkürzt und die Tiefgarage durch die Außenwände möglicherweise sogar natürlich belüftet werden kann.

○ **Hinweis:** Die Wiener Gemeindebauten stellten ab 1923 eine Antwort der sozialdemokratischen Regierung des Roten Wiens auf die Wohnungsnot der Arbeiterbevölkerung dar. In einem groß angelegten Bauprogramm wurden jährlich bis zu 30 000 Wohnungen geschaffen. Dabei entstanden die so genannten Wiener Höfe, monumentale Wohnanlagen mit hohen Dichten, gemeinschaftlichen Binnengärten und zahlreichen Wohnfolgeeinrichtungen. Der bekannteste unter ihnen ist der Karl-Marx-Hof mit mehr als 1300 Wohneinheiten, zahlreichen Geschäften und Gemeinschaftsanlagen.

Abb. 22: Hofanlage in der Certosa di Pavia

Sozial orientierte Bewegungen nehmen diese Gedanken immer wieder auf, da die Höfe trotz hoher Dichte ein Minimum an gemeinschaftlicher Freifläche und relativer Privatheit garantieren. Daher wurde dieser Stadtbaustein im 19. Jahrhundert teilweise von Industriellen als Modell einer paternalistischen Wohnungsfürsorge für ihre Arbeiter fortgeführt. Auch die großen Wohnanlagen der Wiener Gemeindebauten in den zwanziger Jahren des 20. Jahrhunderts fußten auf dem Modell der Höfe. Ein ähnliches Konzept verfolgte der 1919–1922 von Michiel Brinkman realisierte großstädtische Hof für etwa 270 Familien in Rotterdam-Spangen, der im Inneren – zusätzlich zu den Eingängen im Erdgeschoss – von einer rundum laufenden Galerie im zweiten Obergeschoss erschlossen wird. ○

> Abb. 23

Bereits zu Beginn des 20. Jahrhunderts hatte die Gartenstadtbewegung den mit Reihenhäusern gesäumten Hof, in diesen Fällen auch als *close* bezeichnet, als Bebauungsmuster für ein ruhiges, gruppenbezogenes Wohnen im Grünen verwandt. Nachbarschaftliche Überschaubarkeit und kleinstädtische Identitätsbildung spielten eine besondere Rolle. Der

Höfe in der Gartenstadt

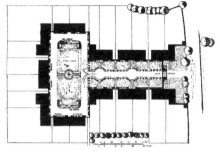

Abb. 23: Wohnhof mit Galerieerschließung in Rotterdam-Spangen von Michiel Brinkman (1919–1922)

Abb. 24: Planungsvorschlag für einen Wohnhof in einer Gartenstadt von Raymond Unwin (1910)

Architekt Raymond Unwin hat sehr schöne Beispiele von *closes* in den südenglischen Gartenstädten Letchworth, Welwyn Garden City und
○ Hampstead Garden Surburb gestaltet. > Abb. 24

Auch heute noch gelangen Höfe, vielfach bei der Anlage von gemeinschaftlichen Wohnprojekten, zur Anwendung, etwa im experimentellen oder genossenschaftlichen Wohnungsbau.

○ **Hinweis:** In seinem 1910 erstmals publizierten Werk *Grundlagen des Städtebaus* beschreibt Raymond Unwin ausführlich die funktionalen und gestalterischen Qualitäten von Wohnhöfen bei der Anlage von neuen Wohnsiedlungen. Er weist auch auf die wirtschaftliche Ausnutzung des Geländes hin, die sich mit ihrer Hilfe erzielen lässt, ferner auf den großzügigen Ausblick, den man von den umliegenden Häusern auf kleine begrünte Plätze und Freiflächen hat.

Im Grunde ist die Passage als eine überdachte Laden- und Geschäftsstraße entstanden. Das Wort Passage weist bereits darauf hin, dass es
sich um einen Weg handelt, der zwischen Gebäuden hindurch von einem
Ort zu einem anderen führt. Die Passage besitzt eine strukturelle Ver-
wandtschaft mit dem Hof, da – ähnlich wie bei diesem – die Erschließung
von innen erfolgt.

FORM UND RÄUMLICHE STRUKTUR

In den meisten Fällen ist die Passage eine mit Glas überdachte Laden- Glasgedeckte Straßen
und Geschäftsstraße, die – als öffentliche Verbindung – in der Regel nur
Fußgängern zugänglich ist. Sie wird auf beiden Seiten von den Fassaden
der angrenzenden Bebauung begleitet, die üblicherweise mit großer Sorg-
falt und dem Anspruch auf Repräsentation ausgeführt sind. Große
Fensterflächen geben den Blick frei auf die Auslagen der dort angesie-
delten Geschäfte.

Passagen können einen geradlinigen Verlauf haben, sie können aber
auch gekrümmt oder geknickt sein, sie können fast jede beliebige lineare Form annehmen oder sich verzweigen. Durch räumliche Aufweitun-
gen entstehen an diesen Verzweigungspunkten gelegentlich kleine Plätze
zum Verweilen. > Abb. 25

Passagen können zwischen zwei verschiedenen Gebäuden (im Ein-
zelfall sogar mit unterschiedlicher Geschosszahl) verlaufen, sie können
jedoch auch kompakte Blockstrukturen als öffentliche Wegeverbindung
durchqueren. In diesem Fall wird auch den inneren Fassaden große Aufmerksamkeit geschenkt. Die formale und repräsentative Behandlung des
Äußeren setzt sich fast unbemerkt im Innenbereich fort.

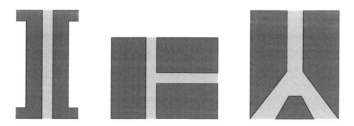

Abb. 25: Unterschiedliche Formen der Passage

Abb. 26: Galleria Vittorio Emanuele II in Mailand

STADTRAUMBILDUNG

Wegebeziehungen

Die Passage verknüpft Wegebeziehungen der Stadt. Dies gilt ganz besonders für die bekannten Passagen des 19. Jahrhunderts in Paris, Brüssel, London, Neapel oder Mailand. Beispielsweise stellt die berühmte Galleria Vittorio Emanuele II in Mailand den kürzesten Weg zwischen zwei bedeutenden städtischen Orten, dem Dom und dem Opernhaus La Scala, her. > Abb. 26 Teilweise werden durch die Passagen auch Abkürzungen geschaffen, welche das Erschließungsnetz der Stadt, zumindest für den Fußgänger, optimieren. Auch in Hamburg sind die glasüberdachten und wettergeschützten Passagen bis auf den heutigen Tag ein wichtiges sekundäres Erschließungssystem der Innenstadt.

Klimapuffer

Durch die Überdachung entsteht im Inneren ein Klimapuffer, welcher die Aufenthaltsqualitäten, gerade auch in den unwirtlicheren Jahreszeiten, deutlich erhöht. Mittlerweile werden viele Passagen sogar zusätzlich im Winter beheizt und im Sommer gekühlt, wofür allerdings räumliche Abschottungen notwendig sind. Dadurch gewinnt die Passage jedoch eher den Charakter eines vom öffentlichen Stadtraum abgetrennten Innenraums, ähnlich einem Kaufhaus, wogegen sich das Bild eines durchgängigen, überdachten städtischen Straßenraums abschwächt.

Abb. 27: Neue innerstädtische Passage in Aveiro, Portugal

FUNKTIONEN, ORIENTIERUNG UND ERSCHLIESSUNG

Passagen sind in erster Linie durch „ökonomische" Überlegungen bestimmt, indem sie in hochwertigen innerstädtischen Lagen auch die Grundstücksanteile im Inneren eines Blocks zugänglich machen. Die Wege sind weitgehend eben, so dass das Flanieren und die Aufmerksamkeit für die Auslagen und Schaufenster nicht behindert werden. > Abb. 27

Es dominieren Laden- und Geschäftsfunktionen, die gegebenenfalls durch gastronomische Einrichtungen ergänzt werden. Das Wohnen bildet hier eher die Ausnahme. Wenn jedoch Wohnungen entlang der Passage vorgesehen sind, liegt die Verglasung des Daches im Allgemeinen aus Gründen des Brandschutzes, der Belichtung und der Belüftung unterhalb der Wohnungen. Insofern nimmt das Wohnen nur dann Einfluss auf den Raum der Passage, wenn sich die Haus- und Wohnungseingänge für die Bewohner in ihrem Inneren befinden.

Von Bedeutung nicht nur für den kommerziellen Erfolg der Passage ist die Beachtung einer funktionierenden städtebaulichen Vernetzung. Wichtig sind der Ausgangs- und der Zielpunkt. Es ist darauf zu achten, dass die verschiedenen Eingänge an belebten Straßen liegen. Wenn dies nicht der Fall ist, kann es zur ungleichgewichtigen Ausbildung eines

Kommerzielle Funktionen

Abb. 28: Geschäftiges Treiben im Bazar von Kairo

Abb. 29: Die Kaiserpassage des 19. Jahrhunderts im Frankfurter Bahnhofsviertel

attraktiven vorderen und eines weniger attraktiven rückwärtigen Bereiches der Passage kommen.

BEISPIELE AUS DER GESCHICHTE

Foren und Bazare

Bereits in der römischen Antike gab es räumliche Anlagen, welche als Vorläufer von Passagen gelten können. Das Forum Iulium oder auch der Markt des Trajan in Rom wurden beiderseits von Läden und Geschäften gefasst. Die Straße dazwischen diente dem Aufenthalt und dem Handel. Isfahan in Persien weist eine ganz ähnliche räumliche Struktur auf. Bis in unsere Tage haben die Bazare und Suks der islamischen Welt dieses Organisationsprinzip tradiert. Zu beiden Seiten eines zentralen Weges schließen sich Räume für Auslagen und die Präsentation unterschiedlichster Waren an. > Abb. 28

Passagen des 19. Jahrhunderts

Während des 19. Jahrhunderts sind die Passagen in europäischen Städten wie Paris, Mailand und Wien in Mode gekommen. Ein wohlhabendes Bürgertum nutzte die Möglichkeiten, in den witterungsunabhängigen, dem Straßenlärm und Schmutz entzogenen Räumen zu flanieren. > Abb. 29 Die Passagen dienten dem ökonomischen Interesse der Händler, indem sie Kurzweil und Vergnügen an einem Stadtspaziergang ins Zentrum ihrer Gestaltung, Organisation und Inszenierung rückten. Sie dienten aber auch der Repräsentation des Bürgertums und der Stadt an sich.

40

Das Vorbild der Passagen als kommerzielle Orte mit ökonomischer, Einkaufszentren und Shopping Malls aber auch inszenatorischer Kraft liegt ansatzweise auch manchen Entwicklungen gegenwärtiger Einkaufszentren und großer Shopping Malls zu Grunde. Im Gegensatz zu ihrem historischen Vorbild sind diese allerdings nicht mehr mit der umgebenden Stadt verflochten, sondern negieren in der Regel – als nach außen hin anspruchslose und ungestaltete „Kisten" – Stadtraum bildende Qualitäten. > Kap. Die „Kiste"   O

O **Hinweis:** Die bedeutendste Abhandlung über die Passagen stammt von Walter Benjamin. Sein *Passagen-Werk* besteht aus literarischen und architektonischen Beobachtungen der Pariser Passagen des 19. Jahrhunderts. Eine Fülle von Einzelbetrachtungen vermittelt einen breiten Eindruck des ästhetischen Erscheinungsbildes sowie der ökonomischen und funktionalen Bedeutung der Passage als Ort des gesellschaftlichen Auftritts und des Handels. Darüber hinaus thematisiert Benjamin den leiblichen Aspekt des Gehens: Er beschreibt die Passagen als Orte des Flaneurs, der die Inszenierung und Zur-Schau-Stellung der Waren und Dienstleistungen teils aus „wissenschaftlichem" Interesse, teils als Amusement erlebt.

O **Hinweis:** In ihrem Buch *Project on the City. Harvard Design School Guide to Shopping* aus dem Jahr 2001 hat eine Gruppe um den Architekten und Theoretiker Rem Koolhaas die historische Entwicklung der Einkaufsstraßen und Einkaufszentren assoziativ herausgearbeitet. Dabei werden in einer Bilderfolge die römischen Foren, die persischen und die arabischen Basare mit den heutigen Einkaufszentren und Shopping Malls in eine Reihe gestellt.

Die Zeile

Zeilen sind lineare, frei stehende Stadtbausteine, die sich bewusst vom Straßenraum lösen und stattdessen nach „hygienischen" Gesichtspunkten – einer möglichst guten Belichtung, Besonnung und Belüftung – ausgerichtet sind. Sie entstanden in den zwanziger Jahren als Reaktion auf die räumliche Enge und Überbelegung der Blockstrukturen und Korridorstraßen der traditionellen Stadt und sind damit als Kritik an den Lebensbedingungen in den Mietskasernen der Gründerzeit zu verstehen.
> Kap. Der Block

FORM UND RÄUMLICHE STRUKTUR

Die Zeile lässt sich zunächst als Weiterentwicklung der Reihe betrachten. Ganz anders als diese erhebt sie allerdings nicht mehr den Anspruch, einen gefassten Straßenraum zu bilden, sondern orientiert sich meist nur mit ihrem „Kopf", also der Schmalseite, zur Erschließungsstraße hin. Durch diese vom Straßenverlauf unabhängige Lage kann die Zeile optimal zur Sonne hin orientiert werden.

Zeilen sind also nicht parallel, sondern senkrecht zur Erschließungsstraße angeordnet und werden von dieser aus durch einen eigenen, sekundären Fußweg (manchmal auch eine Stichstraße) erschlossen.
> Abb. 30 Der Zugang erfolgt meist einseitig von der in Bezug auf die

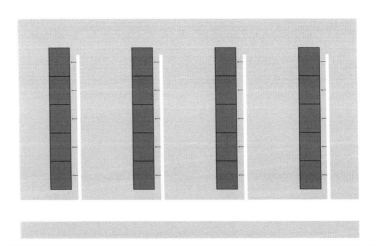

Abb. 30: Additive Zeilenstruktur

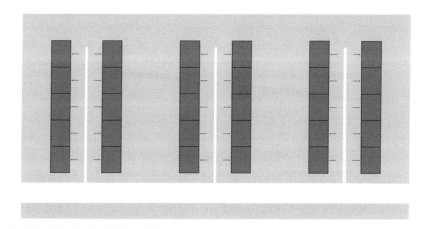

Abb. 31: Gekoppelte Zeilen

Belichtung ungünstigeren Seite, in der Regel von der Ost- oder Nordseite (auf der Südhalbkugel wäre das die Südseite) der Zeile, so dass die für die Mittags- und Nachmittagssonne günstigere Süd- und Westseite von der Erschließung ungestört bleiben. Auf dieser Seite befinden sich dann meist die privaten Freiflächen, wie Balkone, Loggien, Dachterrassen, Freisitze und kleine Gartenanteile im Erdgeschoss.

Da Zeilenbebauungen dieses Muster additiv wiederholen, entsteht eine städtebauliche Gesamtstruktur, bei der die Vorderseite der einen Zeile jeweils zur Rückseite der nächsten Zeile weist. Daraus resultiert häufig eine unklare Raumorganisation, da rückwärtige (private) und vorderseitige (öffentliche) Raumbereiche unvermittelt aufeinandertreffen. Durch räumliche und gestalterische Abgrenzungen in Form von Bepflanzungen, unterschiedlichen Höhenniveaus, Nebengebäuden wie Fahrrad- und Abstellschuppen usw. kann dieser Konflikt gemildert werden.

Additive Zeilen

Eine andere Möglichkeit besteht darin, die Zeilen und ihre jeweiligen Erschließungswege nicht additiv zu reihen, sondern jeweils gespiegelt anzuordnen. Daraus resultiert der Stadtbaustein der „gekoppelten" Zeilen, bei denen in den Freiräumen zwischen den Zeilen jeweils Erschließungsbereiche mit Erschließungsbereichen und entsprechend rückwärtige Bereiche mit rückwärtigen Bereichen zusammentreffen und einander abwechseln. > Abb. 31 Aus einer solchen Anordnung entstehen zwar für die Wohnungen und insbesondere ihre Freibereiche jeweils unterschiedliche Ausrichtungen zur Sonne, für den Außenraum aber klarere sozialräumliche Charaktere.

„Gekoppelte" Zeilen

Zeilen können sowohl aus linear aneinandergefügten Einfamilienhäusern (in Form von zwei- bis dreigeschossigen Reihenhäusern) als auch
aus addierten Geschosswohnungsbauten (als drei- bis sechsgeschossige
Mehrfamilienhäuser) bestehen. Bei besonders großen, einheitlichen
Wohnkomplexen (mit acht und mehr Geschossen) spricht man vielfach
auch von Scheiben als einer Sonderform der Zeile.

Zeilen haben in den meisten Fällen einen geradlinigen Verlauf, sie
können aber auch geschwungen sein, geknickt verlaufen oder in Abschnit-
ten versetzt sein. Durch solche Verformungen, aber auch Differenzierun-
gen in der Länge und Höhe der Zeilen können ansatzweise städtebauliche
Raumbildungen geschaffen werden.

Typisierung   Die Zeile kann als Produkt der seriellen Fertigung verstanden werden. Die Linearität und die Wiederholung einzelner Einheiten erlauben
den verstärkten Einsatz industriell vorfabrizierter Elemente. Durch die
damit erreichte Typisierung (die eine hohe Wirtschaftlichkeit des Bau-
vorgangs verspricht) besteht jedoch – im Falle einer sturen Wiederholung – die Gefahr einer formalen und städtebaulichen Monotonie. Ein
Beispiel stellen die industriell vorgefertigten Plattenbauten vieler Groß-
siedlungen aus der zweiten Hälfte des 20. Jahrhunderts dar, die vor allem
in Osteuropa weit verbreitet sind.

STADTRAUMBILDUNG

Aus der Ausrichtung der Zeilen zum Licht und zur Sonne resultiert
eine fast vollständige Unabhängigkeit vom umgebenden städtebaulichen
Kontext und der Netzstruktur der erschließenden Straßen. Die Zeile
negiert das traditionelle Form- und Raumkonzept einer solchen Abhän-
gigkeit. Sie steht frei im Gelände und entwickelt sich so vielfach zu einem
bewusst antistädtischen Element, das keinen Anspruch erhebt, im konventionellen Sinne stadt- oder raumbildend zu sein. Dies ist besonders
dann problematisch, wenn die Zeile als ein originär randstädtischer Stadtbaustein im Kontext von innerstädtischen Brachflächen und Baulücken
zum Einsatz kommt.

„Fließender" Raum   Insofern die Räume zwischen den Zeilen nicht mehr gefasst werden,
entsteht vielfach ein „fließender" Umraum und daraus wiederum der Verlust von eindeutig definierten öffentlichen bzw. privaten Außenräumen.
Der homogene, meist als Grünfläche gestaltete Raum zwischen den Zeilen ist, insbesondere bei Geschosswohnungsbauten, zwar grundsätzlich
als Gemeinschaftsfläche gedacht; in der Realität hat sich aber häufig
herausgestellt, dass diese gemeinschaftlichen Flächen kaum genutzt werden. Stattdessen bleibt ein eher anonymer Raum, für den sich keiner
verantwortlich fühlt und der schnell der Verwahrlosung ausgesetzt ist.
> Abb. 32 Durch den fehlenden gefassten Straßenraum unterliegen die Frei-
räume zudem nur einer geringen sozialen Kontrolle, so dass, vor allem in
hochgeschossigen Zeilenbauten, das Unsicherheitsgefühl der Bewohner
wächst.

Abb. 32: Diffuse und verwahrloste Abstandsflächen zwischen den Zeilen einer modernen Großsiedlung

Abb. 33: Quer gestellte niedrige Zwischenbauten schließen den Raum zwischen den Zeilen zur Straße hin ab und bieten Flächen für Versorgungseinrichtungen.

FUNKTIONEN, ORIENTIERUNG UND ERSCHLIESSUNG

Der Stadtbaustein der Zeile folgt den Vorstellungen von einem funktionalistischen Städtebau, der wie die Charta von Athen (1933) die Bereiche Wohnen, Arbeiten, Erholung und Verkehr strikt voneinander trennt. > Kap. Die Reihe Daher bleiben die Zeilen in der Regel dem Wohnungsbau vorbehalten. Ergänzende Büro- oder Geschäftsnutzungen sind die Ausnahme. Wegen der Loslösung von der erschließenden Straße ist die Zeile für solche öffentlicheren Nutzungen auch nicht attraktiv, da sie nur eine eher ungünstige Lage ohne unmittelbaren Sichtkontakt zum öffentlichen Verkehr bieten kann. _{Wohnnutzung}

Deshalb finden sich ergänzende Versorgungsfunktionen, wie beispielsweise kleinere Läden und Dienstleistungen für den täglichen Bedarf, entweder in den Kopfbauten der Zeile unmittelbar an der Erschließungsstraße oder in meist niedrigeren Zwischenbauten, die parallel zur Straße zwischen die Zeilen eingefügt werden. > Abb. 33 Diese haben eine zweifache städtebauliche Funktion: Sie stellen auf der einen Seite eine gewisse Kontinuität des öffentlichen Straßenraums wieder her und erzeugen auf der anderen Seite eine räumliche, aber auch akustische Abschirmung (gegenüber dem Straßenlärm) des dahinterliegenden Bereiches zwischen den Zeilen. Der Stadtraum wird auf beiden Seiten wieder klarer ablesbar, ein erster Schritt zurück zur städtebaulichen Raumbildung. Es entsteht sozusagen eine Mischform zwischen Zeile und (offenem) Block mit teilweise beruhigten, halböffentlichen Bereichen.

Was die Ausrichtung der Wohnungen betrifft, so ist auch hier – wie schon bei Reihe und Block – zwischen Ost-West-Ausrichtung und Nord-Süd-Orientierung zu unterscheiden, mit dem Vorteil einer zweiseitigen Orientierung der Aufenthaltsräume zur Sonne bei Ost-West-Ausrichtung _{Himmelsrichtungen}

und einer nur einseitigen Orientierung bei Nord-Süd-Richtung. Aus diesem Grund sind auch hier je nach Ausrichtung unterschiedliche Gebäudetiefen zu beachten bzw. ist die Empfehlung zu berücksichtigen, möglichst durchbindende Grundrisse zu entwickeln. > Kap. Die Reihe und Kap. Der Block

Fußläufige Wohnwege Da Zeilen lediglich über ihre Schmalseiten an das Straßennetz angeschlossen sind, bedienen in der Regel fußläufige Wege als einseitige Erschließung die Hauseingänge der Gebäude. In manchen Fällen alternieren aber auch Fahr- und Fußwege, so dass auf der einen Seite eine befahrbare Stichstraße und auf der anderen Seite ein Fußweg zu den Hauseingängen führen kann. Dies hat dann allerdings Auswirkungen auf die innere Organisation der Zeilen hinsichtlich der Hauptzugänge, der Lage der einzelnen Räume innerhalb der Wohnungen und der Orientierung der Freibereiche. Der Vorteil einer solchen Organisation liegt in der Trennung von motorisiertem und nicht motorisiertem Verkehr. Die fußläufigen Wohnwege zu den Zeilen entfalten jenseits der Haupterschließungsstraßen vielfach einen halböffentlichen Charakter, der sich für Aufenthalt und Kommunikation vor der Haustür, beispielsweise für spielende Kinder, gut eignet.

Außenbereiche Lange Zeit wurde, bedingt durch die Anhebung der Erdgeschosswohnung auf einen Sockel, den Bewohnern des Erdgeschosses kein Nutzungsrecht an den unmittelbar der Wohnung vorgelagerten Außenbereichen eingeräumt. Eine Aneignung der Grünflächen sollte nach dem Motto „Gleiche Rechte für alle" bewusst verhindert werden. Erst in jüngerer Zeit hat sich die Erkenntnis durchgesetzt, dass nicht alle Bewohner die gleichen Interessen haben. Manche möchten einen kleinen Gartenanteil, andere wiederum ziehen einen Balkon oder eine Dachterrasse vor. Darüber hinaus erhöht die Zuweisung etwa eines Ausgangs in den Garten oder eines kleinen Freisitzes an die Bewohner des Erdgeschosses die gestalterische Qualität dieser Räume, das Verantwortungsgefühl für ihre Pflege und die soziale Kontrolle. Das kommt wiederum der allgemeinen Sicherheit zugute.

BEISPIELE AUS DER GESCHICHTE

Die Zeile ist ein vergleichsweise junger Stadtbaustein. Von wenigen Vorläufern in der Geschichte abgesehen, wie beispielsweise dem Adelphi-Quartier in London, das 1768–1772 von den Brüdern James und Robert Adam gebaut wurde, oder den norditalienischen Laubenganghäusern gegen Ende des 19. Jahrhunderts, die man typologisch ähnlich einstufen könnte, wurde die Zeile von den Vertretern des Neuen Bauens der zwanziger Jahre geschaffen.

Siedlungen der zwanziger Jahre Das prominenteste Beispiel ist die 1928–1929 in Karlsruhe als programmatische Bauausstellung errichtete Siedlung Dammerstock. > Abb. 34 Ihr Lageplan wurde in seiner Endfassung gemeinsam von Otto Haesler und Walter Gropius, dem damaligen Direktor des Bauhauses, geschaffen. Der Plan war ein bewusst provokantes Manifest für eine vollkommen neuartige Stadtstruktur: Beabsichtigt war ein strikter Nord-Süd-Verlauf der

Abb. 34: Lageplan der Siedlung Dammerstock
in Karlsruhe als Abbild eines rigiden Zeilenbaus
mit strengem Nord-Süd-Verlauf aller Zeilen

Zeilen mit ausschließlicher Ost-West-Orientierung aller Wohnungen, eine scheinbar endlose Linearität, absolut gleiche Abstände zwischen den einzelnen Zeilen sowie die Aufgabe jeglicher konventionellen Raumbildung. Es gibt kaum ein anderes städtebauliches Projekt, das von Anfang an derartig heftige Kontroversen ausgelöst hat. Während die einen in der Siedlung den Inbegriff eines modernen, fortschrittlichen Städtebaus mit gleichwertigen optimalen Wohnverhältnissen (Licht, Luft, Sonne) für jedermann sahen, prangerten die anderen die sture Prinzipienreiterei an, die sich hinter dem abstrakten Siedlungsgrundriss, der einheitlichen Architektur und der fehlenden Raumbildung verberge. > Abb. 35   O

O **Hinweis:** Unter Laubenganghäusern sind lang gestreckte Gebäudezeilen mit gereihten Wohneinheiten zu verstehen, die – auf einer oder mehreren Ebenen – von einem Außengang erschlossen werden.

O **Hinweis:** Die Vertreter der Moderne thematisierten die Zeile vor allem in Hinblick auf ihre stadthygienischen Fortschritte sowie die damit zusammenhängenden sozialen Implikationen des Lebens in einer egalitären Gesellschaft mit gleichen Wohn- und Lebensbedingungen für alle. Zusätzlich wurden die ökonomisch erwarteten Vorteile durch eine serielle Fertigung hervorgehoben. Die Theorien des Zeilenbaus wurden erstmals umfassend und systematisch unter dem Thema „Rationelle Bebauungsweisen" auf dem CIAM-Kongress 1930 in Brüssel diskutiert und dokumentiert.

Abb. 35: Strikter Zeilenbau in der Siedlung Dammerstock in Karlsruhe

Dem von der Siedlung Dammerstock vorgegebenen Muster folgten zahlreiche weitere bekannte Siedlungen des Neuen Bauens Ende der zwanziger Jahre, wie beispielsweise die Hellerhof-Siedlung (1929–1932) und die Siedlung Westhausen (1929–1931) in Frankfurt am Main, die Siedlungen Siemensstadt (1929–1932) und Haselhorst (1928–1931) in Berlin oder die Rothenberg-Siedlung in Kassel (1929–1931). In den fünfziger und sechziger Jahre erfuhren diese städtebaulichen Konzepte eine europa- und sogar weltweite Verbreitung in zahllosen Quartieren eines standardisierten Wohnungsbaus für meist untere Einkommensschichten.

Sanierungs-
maßnahmen
Durch die postmoderne Abwendung vom funktionalistischen Bauen geriet in den siebziger Jahren des 20. Jahrhunderts auch die Zeile ins Visier der Kritik. Vor allem durch die vielerorts vorhandene soziale Problematik einer einseitigen Belegungspraxis durch ökonomisch schwache Bevölkerungsgruppen, ihre funktionale Unzulänglichkeit als so genannte Schlafstädte sowie ihre gestalterische Monotonie gerieten diese Gebäudetypen und ihre Siedlungen in Verruf. Seit den neunziger Jahren ist man jedoch bestrebt, durch Sanierungsmaßnahmen und gestalterische Aufwertungen (Anbau von großzügigen Balkonen, Abbruch zu hoher Gebäude, Umgestaltung des Wohnumfelds) die Wohnsituation im Bereich derartiger Zeilenbauquartiere aufzuwerten.

Der Solitär

Der Begriff Solitär bezeichnet ein allein stehendes oder ein aus seinem baulichen und städtebaulichen Umfeld deutlich herausragendes Gebäude. Das Wort Solitär leitet sich von dem lateinischen Substantiv *solitarius* ab, das heißt „der Einsame". Seit jeher hat es frei stehende Bauten als Gehöfte und Bauernhäuser, Burgen und Klosteranlagen in der Kulturlandschaft gegeben. In der baulich dichteren Stadt waren die Solitäre hingegen zunächst eher die aus den Regelbausteinen der Reihen und Blöcke herausragenden Sonderbausteine. Sie gehörten meist zu den öffentlichen Bauten (Tempel, Kirche, Rathaus) und Herrschaftsarchitekturen (Burg, Festung, Schloss). Später wurde in ihnen das Wohnen der Wohlhabenden (Villen und Paläste) sowie die wachsende Infrastruktur der bürgerlichen Stadt (Schulen, Theater und Opernhäuser, Museen, Krankenhäuser, Parlamentsgebäude, Universitäten usw.) untergebracht. Heute zählen zu den Solitären hoch verdichtete Wohn- und Bürohaustürme wie auch Flächen verzehrende, frei stehende Einfamilienhäuser in der extensiven zeitgenössischen Stadt.

FORM UND RÄUMLICHE STRUKTUR

Solitäre unterscheiden sich in ihrer Größe, Bedeutung, Geometrie, architektonischen Gestaltung und Materialwahl deutlich von der sie umgebenden Bebauung. Dort, wo sie nicht auf Abstand zu den Nachbargebäuden stehen, lösen sie sich durch ihre formale Ausbildung und ihren baulichen Schmuck so sehr aus dem Kontext, dass sie als besondere, für sich stehende bauliche Einheiten zu erkennen sind. > Abb. 36

Steht ein Solitär frei, dann hat sich die Gestaltung zunächst nur in $\quad$ Formale Autonomie
einem geringen Maße um Formen und Proportionen des städtebaulichen Kontextes zu kümmern. Man hat hier also wesentlich größere Gestaltungsfreiheiten als bei anderen Stadtbausteinen, weswegen der Solitär als Scheibe, Turm, Kubus, Zylinder, Pyramide oder fast jede beliebige Hybridform in Erscheinung treten kann. Dennoch sollten auch Solitäre, insbesondere bei ihrer Einbindung in ein größeres städtebauliches Ensemble oder bei einer spezifischen Relevanz für die Stadtsilhouette bzw. das Landschaftsbild, gewisse gestalterische Regeln hinsichtlich Größe, Form und Fassadendurchbildung befolgen.

STADTRAUMBILDUNG

Der Solitär strebt von seiner Konzeption her keinen unmittelbaren Anschluss an die umliegenden Baustrukturen an. Er will in vielen Fällen gestalterisch bewusst aus dem Rahmen fallen, um besondere Akzente im Stadtbild und in der Raumwirkung zu setzen.

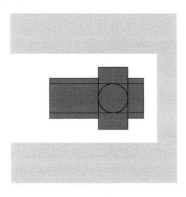

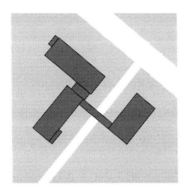

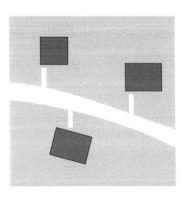

Abb. 36: Unterschiedliche Formen des Solitärs

Abb. 37: Der Tempelberg im römischen Dougga in Tunesien

Solitäre können bewusst aus dem städtischen Umraum herausgelöst Exponierte Lage und an prominenter Stelle exponiert werden. Dies gilt z. B. für die Tempel und Heiligtümer der antiken Welt. Der städtische Raum wurde durch sie nicht gefasst. Stattdessen bildeten sie erlebbare, auch skulpturale Höhepunkte eines städtischen Gesamtzusammenhangs, den sie akzentuierten und inszenierten. Durch eine Positionierung in topografisch herausragender Lage konnte diese Wirkung noch verstärkt werden, wie etwa bei der Akropolis in Athen oder vielen anderen Kult- und Kirchenanlagen. > Abb. 37 Im Zeitalter des Barocks und des Absolutismus und später in der Stadt des 19. Jahrhunderts erfolgte eine Herausstellung der Solitäre, indem man diese – städtebaulich frei gestellt – an den End- oder Kreuzungspunkten wichtiger Straßen- und Blickachsen errichtete. > Abb. 38

Allerdings können Solitäre in der dicht bebauten Stadt aus Platzman- Eingebundene Lage gel vielfach nicht vollkommen frei stehen. Sie sind dann oftmals räumlich in eine Platzwand, eine Straßenflucht oder eine Gebäudegruppe eingebunden. > Abb. 39 Das lässt sich gut in den dichten und kompakten mittelalterlichen Städten nachvollziehen, wo die großen Dome, Rathäuser, Konvente oder auch Zehntscheuern vielfach eingebaut waren, sich aber dennoch durch ihre Größe, die Fassadengestaltung und ihre besondere Position im Stadtgrundriss deutlich von der Umgebung abhoben.

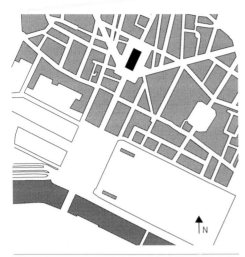
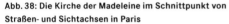

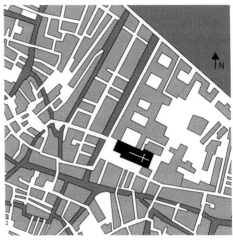

Abb. 38: Die Kirche der Madeleine im Schnittpunkt von Straßen- und Sichtachsen in Paris

Abb. 39: Die Kirche SS. Giovanni e Paolo im Stadtgrundriss von Venedig

Raumplastische Wirkung

In der Stadt der Moderne wurden die Solitäre unter dem Gesichtspunkt einer möglichst guten Belichtung, Besonnung und Belüftung in der Regel vollständig frei stehend erbaut. > Kap. Die Zeile Dies hatte auch mit einer veränderten Vorstellung vom städtischen Raum zu tun, der gemäß den Zielsetzungen des Neuen Bauens kein traditionell geschlossener, sondern stattdessen ein offener, so genannter fließender Raum sein sollte. In einem solchen Stadtraum, der sich vor allem als ein Beziehungsspiel zwischen frei platzierten Einzelgebäuden darstellt, können Solitäre durchaus eine raumplastische Wirkung entfalten. > Abb. 40

○ **Hinweis:** Die so genannten Wohnmaschinen von Le Corbusier – allen voran die 1945–1952 in Marseille entstandene Unité d'habitation für mehr als 1300 Einwohner – sind ein Ausdruck des Versuchs, einen Lebensraum im Grünen als „vertikale Stadt" für breite Bevölkerungsschichten zu erzeugen. In seiner *Ville Radieuse* von 1935 beschreibt Le Corbusier, wie die hochgeschossigen Gebäude auf Stützen über dem Gelände schweben, so dass die Natur hindurchlaufen kann. Es sind solitäre Wohngebäude, die gänzlich unabhängig von ihrer Umgebung sein sollen. Dafür ist die innere Organisation umso komplexer und umfasst neben den Wohnungen auch Ladenstraßen, Gemeinschaftsräume, ein Hotel, Kindergärten, Dachterrassen und Sportanlagen.

Abb. 40: Die Unité d'habitation in Marseille von
Le Corbusier: der Solitär als Prototyp einer „vertikalen
Stadt"

FUNKTIONEN, ORIENTIERUNG UND ERSCHLIESSUNG

Grundsätzlich kann der Solitär als Stadtbaustein beliebige Funktio- Funktionale
nen aufnehmen. Bei größeren Gebäuden sind zwar Nutzungsmischungen Spezialisierung
möglich (beispielsweise Geschäfte und Dienstleistungen in den Sockel-
geschossen von Hochhäusern); dennoch ist der Solitär in der Regel durch
einen hohen Grad an funktionaler Spezialisierung gekennzeichnet, sei es
durch spezifische öffentliche Funktionen (als Rathaus, Bürgerzentrum,
Schule oder Hochschule, Museum usw.) oder durch private Nutzungen,
die ein eigenständiges architektonisches Erscheinungsbild anstreben
(Wohnen, Verwaltungsgebäude und Firmensitze, Hotels).

Die Orientierung und Belichtung stellt bei Solitären kein Problem dar, Orientierung
da diese – insofern sie nicht ungewöhnliche Ausmaße in ihrer Breite und
Tiefe einnehmen und damit innere Dunkelzonen schaffen – nach allen
Seiten hin gut belichtbar und belüftbar sind. Probleme können sich allen-
falls durch eine gegenseitige Verschattung allzu eng gestellter Hochhäuser ergeben, wie sie in manchen innerstädtischen Lagen (beispielsweise in New York) oder auch in hoch verdichteten, zeitgenössischen
Wohnsiedlungen (beispielsweise in ost- und südostasiatischen Megastädten wie etwa Peking, Shanghai, Hongkong, Seoul) anzutreffen sind.

Parkplätze können einerseits aufgrund der meist vor, neben oder hin- Parkplätze
ter dem Gebäude verfügbaren Freiflächen zu ebener Erde untergebracht
werden. Andererseits kann dies aber zu Konflikten mit weiteren im Wohnumfeld gewünschten Nutzungen (Freiflächen und Kommunikationsräumen)

führen. Deshalb sollten die notwendigen Parkplätze bei höheren Dichten und insbesondere bei öffentlichen Gebäuden, deren Bedarf an Stellplätzen zeitweise sehr hoch sein kann, in Tiefgaragen bereitgestellt werden.

BEISPIELE AUS DER GESCHICHTE

Das individuelle, frei stehende Haus als Grundbaustein menschlicher Siedlungsstrukturen, vor allem in ländlichen und dörflichen Regionen, wurde bereits erwähnt, ebenso die aus der Stadtstruktur herausragenden Solitäre der religiösen und weltlichen Mächte in der antiken und mittelalterlichen Stadt.

Adelspaläste und Villen

Ab dem 15. Jahrhundert kamen vermehrt die Paläste bedeutender Stadtbürger hinzu. Es wurde viel Aufwand getrieben, um die Macht einflussreicher Familien darzustellen, wie das beispielsweise im Palazzo Pitti und im Palazzo Strozzi in Florenz oder im Fuggerhaus in Augsburg zum Ausdruck gelangt. In der Zeit des Absolutismus wurden diese Bauten in ihrer Bedeutung von Adelspalästen und Herrschaftssitzen abgelöst, die sich vor allem durch ihre schiere Größe von der relativen Kleinteiligkeit der (oftmals noch gotischen) Bürgerhäuser unterscheiden (Louvre und Palais Royal in Paris, die Hofburg in Wien). Während des 16. Jahrhunderts schuf Andrea Palladio im italienischen Veneto eine in Proportion, formalem Ausdruck und Anmutung weltberühmt gewordene Villenarchitektur, die bis in die Gegenwart hinein als klassisches Vorbild dient. > Abb. 41

Städtische Infrastrukturen

In der expandierenden Industriestadt des 19. Jahrhunderts kamen neue Anforderungen an die Funktionsfähigkeit der wachsenden Metropolen hinzu, die ganz neuartige Typologien und Gebäude einer kommerziellen, kulturellen, sozialen, politischen und verkehrlichen Infrastrukturausstattung erforderlich machten. Markthallen und Kaufhäuser, Theatersäle, Opernhäuser und Museen, Bildungsstätten und Krankenhäuser, Parlamentsgebäude, Bahnhöfe und viele andere öffentliche Einrichtungen prägten fortan das Stadtbild als repräsentative Solitäre mit großer städtebaulicher Bedeutung.

○ **Hinweis:** In den berühmten *Vier Büchern zur Architektur* (1570), einem Standardwerk der Architekturtheorie, beschreibt Andrea Palladio seine Villenbauten als Beispiele ländlicher Architektur, ohne dabei allerdings einen Gegensatz zur Stadt aufbauen zu wollen.

Abb. 41: Die Villa Rotonda von Andrea Palladio bei Vicenza

In der Stadt des 20. Jahrhunderts erzeugte das Automobil als indivi- Einfamilienhäuser duelles Fortbewegungsmittel einen weiteren qualitativen und quantitativen Sprung in der Stadtentwicklung. Der daraus resultierende expansive Bau von frei stehenden Einfamilienhäusern – vor allem in den wohlhabenden Ländern der industrialisierten Welt – verursachte nicht nur einen fortschreitenden Freiflächen- und Landschaftsverlust im Umland der Städte und Siedlungen, > Abb. 42 sondern brachte auch hohe Kosten für die notwendigen Infrastrukturmaßnahmen wie Straßen, Kanalisation usw. sowie weite Wege zu den sozialen, kulturellen und kommerziellen Versorgungseinrichtungen mit sich.

Im Hochhausbau erlaubt der Solitär hingegen eine stärkere Verdich- Wohnhochhäuser tung, die allerdings zumindest im Wohnungsbau durch die entsprechend notwendigen Abstandsflächen insgesamt nicht höher ausfällt als die durch eine etwa vier- bis sechsgeschossige Bebauung in Reihen und Blöcken erzielbare bauliche Dichte. Zudem wird hier in vielen Fällen der durch Solitäre bedingte fehlende städtebauliche Zusammenhang besonders offensichtlich, so dass keine dem menschlichen Maßstab und seinen Bedürfnissen nach Orientierung und Geborgenheit entsprechenden städtischen Räume entstehen. > Abb. 43 Deshalb sind bei der Planung von Wohnhochhäusern neben einem städtebaulich geeigneten Standort auch die Zielgruppen genau zu definieren. Während dieser Wohntyp für Familien mit Kindern, ältere Menschen, aber auch sozial schwach gestellte Gruppen eher ungeeignet ist, kann er durchaus für junge Berufstätige, Paare und Singles ebenso wie für wohlhabende Bevölkerungsschichten eine sehr attraktive und exklusive Wohnform darstellen.

Abb. 42: Flächenverzehrende freistehende Einfamilien-
häuser einer suburbanen Wohnsiedlung

Abb. 43: Vertikale Verdichtung in solitären Hochhaus-
komplexen

Stadtvillen

Einen Mittelweg stellen die so genannten Stadtvillen der letzten Jahrzehnte dar, die als solitäre Wohngebäude mit vier bis sechs Stockwerken
städtebaulich zwischen den Maßstäben des Einfamilienhauses und des
Wohnhochhauses vermitteln.

Wolkenkratzer

Als Sonderform des Solitärs zeichnet sich der Wolkenkratzer aus –
in der Regel ein bewusst spektakuläres Gebäude als imageträchtiger
Firmensitz oder Bankenturm. Dabei muss man jedoch die Fern- von der
Nahwirkung unterscheiden. Aus der Ferne betrachtet, können Wolkenkratzer faszinieren, sie scheinen wie Nadeln in den Himmel zu stechen
und können sogar Gruppen bilden > Kap. Die Gruppe und die Silhouette der
jeweiligen Stadt ganz entscheidend prägen, wie die Skylines von Frankfurt am Main > Abb. 44 und – noch eindrucksvoller – von New York zeigen.
Aus der Sicht des Fußgängers oder Autofahrers hingegen werden diesel-
ben Gebäude nur noch eingeschränkt als Solitäre erlebt. Vielmehr treten
sie als Straßenraum bildende Körper in Erscheinung. Aus diesem Grunde
sind die Durchbildung der Fassaden und die Gestaltung der Beziehung
von Innen und Außen in den unteren Geschossen sehr wichtig. Hier sollten möglichst öffentlich zugängliche Funktionen untergebracht werden,
um die Straßenräume in den eher monofunktionalen Bürovierteln zu

○ beleben.

„Überörtliche"
Solitäre

Die allumfassende Mediatisierung unserer Gesellschaften und die
Globalisierung haben in jüngster Zeit einen Typus hervorgebracht, den
man als „überörtlichen" Solitär bezeichnen könnte. Ein Beispiel dafür ist

56

Abb. 44: Die Skyline von Frankfurt am Main

das Guggenheim Museum von Frank Gehry in Bilbao, das sehr viele Menschen kennen, obwohl sie selber noch nicht dort waren. > Abb. 45 Dieses Museum hat sich so sehr in das allgemeine Bewusstsein eingeprägt, dass man durchaus von einer virtuellen Architektur sprechen kann, die wirkt, ohne physisch präsent zu sein. Sicherlich hat es ähnliche Erscheinungen auch zu früheren Zeiten gegeben: Das Kolosseum in Rom, der Schiefe Turm von Pisa und der Eiffelturm hatten und haben eine ähnliche Ausstrahlungskraft. Allerdings konnte die Bedeutung dieser

○ **Hinweis:** In den sechziger Jahren des 20. Jahrhunderts wurde die Relevanz markanter Solitäre für die Stadtgestalt erneut thematisiert. So weist Kevin Lynch in seiner Schrift *Das Bild der Stadt* von 1960 auf die große Bedeutung hin, die einprägsame Gebäude – die er Merkzeichen nennt – für unsere Orientierung und Wahrnehmung städtischer Räume und Strukturen besitzen. Er spricht dabei von *mental maps*, die wir vor unserem geistigen Auge von besuchten und erlebten Stadträumen und besonderen Gebäuden zeichnen. Diese zeigen keinen maßstäblichen Plan, sondern individuelle Erfahrungsräume der Stadt.

Abb. 45: Das Guggenheim Museum von Frank Gehry in Bilbao

Gebäude durch deren mediale Präsenz (im Fernsehen, in der Werbung usw.) in letzter Zeit noch enorm gesteigert werden. Allen gemeinsam ist eine spezifische Expressivität ihres Ausdrucks und ihrer Größe. Durch den Bau des Guggenheim Museums konnte die Stadt Bilbao, um dieses Beispiel noch einmal aufzunehmen, ihre Touristenzahl um ein Vielfaches erhöhen.

Die Gruppe

Unter einer Gruppe versteht man eine Anordnung von Gebäuden, die weniger durch städtebauliche Organisation von außen als vielmehr durch innere kompositorische Logik geordnet ist. Sehr hoch verdichtete und organisatorisch komplexe Gruppen werden auch mit dem englischen Begriff *cluster* bezeichnet, was „Bündel, Gruppe, Schwarm" bedeutet.

FORM UND RÄUMLICHE STRUKTUR

In einer Gruppe ist jedes Element auf das andere abgestimmt und nur aus seiner Relation zu diesen anderen Elementen zu verstehen. > Abb. 46 Gruppen besitzen in der Regel ein divisives Ordnungsprinzip, bei dem ein Ganzes sich in voneinander abhängigen Teileinheiten strukturiert. Diese sind nicht additiv zusammengefügt, wie etwa bei der Reihung, > Kap. Die Reihe und somit auch nicht beliebig erweiterbar.

Die typologische Zusammensetzung von Gruppen kann sehr einheitlich sein, sich also auf wenige Typen beschränken. Die Gruppe kann aber auch eine große Vielfalt an unterschiedlichen Gebäudetypen miteinander kombinieren. Dabei können ganz unterschiedliche Stadtbausteine (wie Solitäre, Zeilen, Reihen, Höfe, auch Blockfragmente usw.) zusammengefasst und in eine formal wie räumlich spannungsreiche Beziehung gebracht werden. Bei diesen Raumkonfigurationen spielen Begriffe wie Enge und Weite, Vernetzung, Körper und Hohlraum (d. h. Gebäude und Freiraum) eine wichtige Rolle. Gruppen können offene wie geschlossene Bauweisen beinhalten. Vielfach sind sie um eine gemeinsame Mitte, einen

Vielfältige Raumkonfigurationen

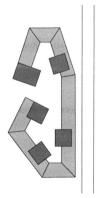

Abb. 46: Schema einer Gruppe

zentralen Freiraum, einen Platz, eine Grünfläche oder eine räumliche Abfolge dieser Elemente organisiert. Diese Räume haben dann eine besondere, identitätsstiftende Bedeutung.

STADTRAUMBILDUNG

Absonderung vom städtischen Kontext

Die Zusammengehörigkeit und Wiedererkennbarkeit der Gruppe bringt eine mehr oder weniger ausgeprägte Absonderung vom umgebenden städtebaulichen Kontext mit sich. Gruppen bilden zudem ihre eigenen inneren städtebaulichen Räume und Raumfolgen aus, die – je nach Größe und Ausdehnung der Gruppe – mehr oder weniger deutlich erlebbar sind.

Eine solche Individualität und Wiedererkennbarkeit der Gruppe kann auf der einen Seite durchaus eine Qualität für die Identifikation der Bewohner mit ihrem Wohn- und Lebensumfeld darstellen. Sie birgt auf der anderen Seite aber – aus gesamtstädtischer Sicht – auch die Gefahr in sich, dass die Stadt in separierte „Inseln" für unterschiedliche Gruppen, Ansprüche, finanzielle Möglichkeiten usw. zerfällt und der sozialräumliche Zusammenhang der Stadt als Ganzes dadurch verloren geht. An der zunehmenden Herausbildung von in sich geschlossenen so genannten *gated communities* in Großstädten weltweit sind diese Gefahren und ihre Konsequenzen deutlich ablesbar.

FUNKTIONEN, ORIENTIERUNG UND ERSCHLIESSUNG

Gruppen sind in vielen Fällen in erster Linie Wohnbauprojekte, sie können aber auch andere Funktionen umfassen, beispielsweise im Hochschulbau (Universitäten als eigenständiger Campus und damit sozusagen als „Stadt in der Stadt"), im Krankenhausbau oder auch im Gewerbebau als so genannte Business Parks. Nutzungsmischungen sind möglich, bleiben aber eher die Ausnahme, da die Vernetzung der Gruppe mit der

○ **Hinweis:** *Gated communities* sind für die Öffentlichkeit unzugängliche, bewachte Wohnbereiche. Um sich vor den Unsicherheiten und Gefahren der urbanen Umgebung wie etwa Straßenkriminalität und Einbrüchen zu schützen, ist der Zugang streng geregelt. Natürlich erzeugen solche exklusiven Wohnbereiche auch eine von den Bewohnern durchaus gewünschte soziale Segregation. Den Begriff *gated community* kann man auch im übertragenen Sinne für sich nach außen abschirmende gesellschaftliche oder ökonomische Gruppen verwenden.

umliegenden Stadt oftmals nicht in einem ausreichenden Maße sichergestellt ist. Erst ab einer gewissen Größe können Nutzungsmischungen innerhalb einer Gruppe tragfähig sein.

Ein Vorteil der Gruppe und vor allem der noch komplexeren Cluster liegt in der vergleichsweise hohen baulichen Dichte, die allerdings wiederum zu Problemen der Orientierung, der Belichtung sowie der gegenseitigen Beeinträchtigung der einzelnen Wohneinheiten durch allzu geringe Abstände, Einsehbarkeit und Lärmbelästigung führen kann.

Aufgrund der Bedeutung der Zwischen- und Binnenräume für die Identität der Gruppe bleibt der Autoverkehr in den meisten Fällen zumindest teilweise, wenn nicht ganz ausgeschlossen. Dies erlaubt die Ausbildung von attraktiven Aufenthalts- und Kommunikationsbereichen im Zentrum der Gruppe, die verkehrsberuhigt sind und vorrangig dem Fuß- und Fahrradverkehr dienen. Stellplätze werden entweder zu ebener Erde in den Randbereichen der Bebauung oder aber in Parkhäusern sowie vielfach auch in Tiefgaragen, die sich beispielsweise unter den Gemeinschaftsflächen befinden, untergebracht.

BEISPIELE AUS DER GESCHICHTE

Aus städtebaulicher Sicht kann man die minoischen Paläste auf der Insel Kreta aus der ersten Hälfte des zweiten Jahrtausends v. Chr. und insbesondere den Palast von Knossos als Gruppen bezeichnen. > Abb. 47 Deren komplexe Raumfolgen und hohe Dichten erzeugten cluster-artige Gebilde, deren Binnenorientierung und labyrinthische Organisation schließlich den Mythos des Ariadnefadens hervorbrachten. Auch die verschachtelten Wohnviertel der arabisch-islamischen Städte lassen sich als Gruppen bzw. dichte Cluster beschreiben.

Im Übrigen ist die Gruppe ein Ergebnis der jüngeren Stadtbaugeschichte und insofern vor allem auch durch soziale und gemeinschaftsorientierte Beweggründe bestimmt. So findet man Gruppenbildungen beispielsweise in den paternalistischen Arbeitersiedlungen am Ende des 19. Jahrhunderts und, darauf aufbauend, in der Gartenstadtbewegung. Heute werden mit solchen Projekten insbesondere Ziele eines Kosten und Flächen sparenden, ökologischen und auch gemeinschaftlichen Bauens verfolgt. Gruppen und Cluster sind vielfach kollektive Bauvorhaben von Baugruppen oder Genossenschaften, bei denen es – neben der Kostenersparnis, die durch gemeinsames Bauen möglich wird – auch um bauliche und städtebauliche Ausdrucksformen eines gemeinschaftlichen Zusammenlebens geht. Darüber hinaus gibt es natürlich auch Projekte, die von privaten Investoren erstellt und dann als Eigentumswohnungen oder Häuser auf dem freien Markt an individuelle Interessenten weiterveräußert werden.

Architektonisch besonders gelungene Beispiele für Gruppen und Cluster finden sich im Werk des Schweizer Architekturbüros Atelier 5, das seit vielen Jahren zahlreiche Wohnbauprojekte als eigenständig

Abb. 47: Lageplan des Palastes von Knossos auf der Insel Kreta

Abb. 48: Lageplan der Siedlung Halen bei Bern (1955–1961) von Atelier 5

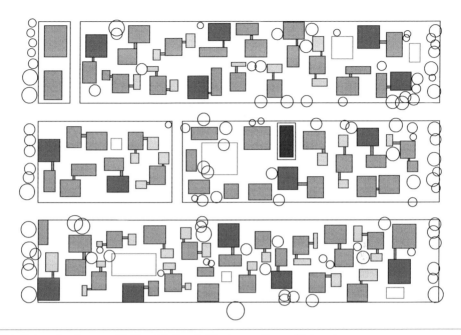

Abb. 49: Lageplan der neuen Werkbundsiedlung in München von Kazunari Sakamoto

ablesbare und in sich geschlossene Siedlungseinheiten entwickelt hat, allen voran die 1955–1961 entstandene Siedlung Halen bei Bern. > Abb. 48 Ein neueres Beispiel stellt der im Jahre 2006 vom japanischen Architekten Kazunari Sakamoto gewonnene Wettbewerb für die Werkbundsiedlung in München dar. Sakamoto durchzieht ein dicht gestelltes Patchwork von punktförmigen Solitären unterschiedlicher Höhe mit einem differenzierten Netzwerk öffentlicher, halböffentlicher und privater Freibereiche.
> Abb. 49

Die „Kiste"

Die „Kiste" ist ein solitärartiger Stadtbaustein unterschiedlicher Größenordnung und Maßstäblichkeit, der sich als charakteristische Erschei-
nungsform der zeitgenössischen Stadt bewusst jeglichem städtischen
Raum- und Kontextbezug versagt. Diese Bezeichnung bezieht sich auf
das englische Wort *shed* (wörtlich „Schuppen"), das als architektur-
theoretischer Begriff von Robert Venturi, Denise Scott Brown und Steven
Izenour in ihrer Untersuchung *Learning from Las Vegas* (1972) eingeführt
wurde.

Von allen anderen beschriebenen Stadtbausteinen unterscheidet sich
die „Kiste" durch ihren Verzicht auf eine äußere Gestaltung. In diesem
Sinne ist sie von einem eminent antiurbanen Charakter bestimmt, da sie
den öffentlichen Raum der Stadt bewusst ignoriert. Lange Zeit wurde sie
daher nicht als städtischer Baustein wahrgenommen und blieb als Indus-
trie- und Gewerbearchitektur weitgehend unbeachtet.

Aus zweierlei Gründen ist die „Kiste" mittlerweile jedoch ins Zentrum
des Interesses gerückt. Zum einen ist ihre prinzipielle Offenheit und Flexibilität für verschiedenste Nutzungen baulich und ökonomisch attraktiv,

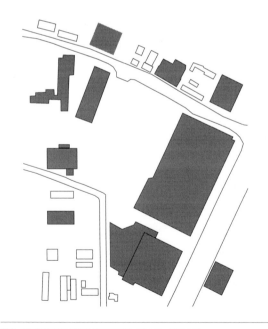

Abb. 50: Schema einer Ansammlung von „Kisten"

Abb. 51: „Kisten" in der zeitgenössischen urbanen Landschaft

und zum anderen bestimmt ihre (Nicht-)Gestaltung inzwischen das Aussehen weiter städtischer und stadtregionaler Bereiche und somit die alltäglichen Lebensräume der Menschen.

FORM UND RÄUMLICHE STRUKTUR

„Kisten" können prinzipiell jede baulich, technisch und ökonomisch ausführbare Form annehmen. Auch ihre Geometrie und Größenordnung ist flexibel und reicht von der kleinen Gewerbehalle bis zur weitläufigen Shopping Mall. > Abb. 50 Ihr herausragendes Kennzeichen ist jedoch die Nichtgestaltung des Äußeren. Dadurch wendet sich die „Kiste" von ihrer Umgebung ab. Ihre räumliche Disposition leitet sich ausschließlich aus technischen Anforderungen sowie ihrer inneren Organisation und Gestaltung ab, die im Gegensatz zum Äußeren oftmals mit hohem Aufwand im Hinblick auf Attraktivität und Kundenfreundlichkeit betrieben wird. > Abb. 51

STADTRAUMBILDUNG

„Kisten" können überall stehen. Sie stören jedoch das Stadtbild erheblich, da sie die architektonische und städtebauliche Gestaltung von Straßen und öffentlichen Räumen im Grundsatz negieren. In der Regel finden sich „Kisten" daher in der erweiterten Peripherie der Städte und in dem stadtregionalen Umland wieder. Sie haben dennoch einen großen Einfluss auf das Alltagsleben der Menschen.

Die Nichtgestaltung des Äußeren wird zum Teil durch Reklametafeln und großformatige Werbewände kompensiert, die auf das Innenleben der „Kisten" aufmerksam machen und Kunden anlocken sollen. > Abb. 52 Zuweilen wird auch eine besondere Corporate Identity entwickelt, indem man die Fassadenflächen mit wiedererkennbaren Mustern und fragmentarischen Architekturelementen überzieht.

Abb. 52: Reklamesäulen und Werbetafeln sollen auf das Innenleben der „Kisten" aufmerksam machen.

FUNKTIONEN, ORIENTIERUNG UND ERSCHLIESSUNG

Funktionale Offenheit „Kisten" können eigentlich jede Nutzung aufnehmen. Ihre Form und ihre räumliche Struktur resultieren gerade aus dieser funktionalen Offenheit und permanenten Veränderbarkeit. In der Regel stehen „Kisten" so frei, dass Parkmöglichkeiten in ausreichender Zahl auf weitläufigen Freiflächen um die Gebäude herum vorhanden sind. Bei höherem Besucheraufkommen und beengten Raumverhältnissen, etwa in der Innenstadt, werden zusätzliche „Kisten" als Parkhäuser errichtet oder, in selteneren Fällen, auch Tiefgaragen angelegt. > Abb. 53

Stadt-Inszenierung Im Inneren verändert sich das Erscheinungsbild der „Kisten" zum Teil ganz erheblich. Vielfach sind Einkaufszentren bestrebt, mit einem hohen Gestaltungsanspruch ein innenstadt-ähnliches Ambiente und Flair zu entwickeln. So ist etwa das Main-Taunus-Zentrum bei Frankfurt am Main – die erste in Europa realisierte Shopping Mall aus den sechziger Jahren, die hier als ein Beispiel für viele stehen mag – entlang einer inneren Passage organisiert, die allseits von Schaufenstern und attraktiven Auslagen begleitet wird und somit zum Flanieren einladen soll. > Abb. 54 Um das „Stadtgefühl" noch zu verstärken, wurden platz-ähnliche Erweiterungen mit Brunnen und antikisierenden Skulpturen inszeniert. Es gibt Restaurants und Eiscafés, in denen man sich vom Einkauf erholen kann. Im Inneren ist damit von der äußeren Gestaltlosigkeit und der Abwendung von der umgebenden Stadt nichts mehr zu spüren.

Abb. 53: „Kisten" als Behälter für die notwendigen
Parkplätze

Abb. 54: In ihrem Inneren organisiert sich die Kiste als
„Flaniermeile" mit Schaufenstern und attraktiven
Auslagen.

BEISPIELE AUS DER GESCHICHTE

„Kisten" im hier verwendeten Sinne treten hauptsächlich erst in der
Zeit nach dem Zweiten Weltkrieg auf. Bis dahin wurden Industrie- und
Verkehrsbauten sowie Einkaufshäuser durchaus als Objekte architektonischer Gestaltung und städtebaulicher Integration betrachtet. Man
denke nur an die Bauten von Peter Behrens für die AEG in Berlin vor dem
Ersten Weltkrieg, an die Fagus-Werke (1911) in Alfeld von Walter Gropius,
an die Garage Rue Ponthieu (1905) von Auguste Perret in Paris und
das Kaufhaus Tietz (1899–1900) in der Leipziger Straße in Berlin von
Bernhard Sehring.

Ökonomische Vorteile – und zu einem gewissen Teil auch eine Bana- Verlust der äußeren
lisierung des funktionalistischen Bauens – führten schließlich dazu, das Gestalt
Äußere von Nutzgebäuden dieser Art lediglich dort zu gestalten, wo es
der Kunden- und Besucherverkehr erfordert. Daher werden Eingänge
sowie die inneren öffentlichen Bereiche nach repräsentativen Gesichtspunkten gestaltet, wogegen die Außenseiten vernachlässigt werden und
ungestaltet bleiben, da sie nicht der Repräsentation dienen. Gewerbe-
hallen, Hochgaragen, Gebäude für den Einzelhandel und Shopping Malls
folgen heute oftmals dieser Logik.

Als prägnantestes Beispiel für solche „Kisten" ist der Strip von Las Las Vegas
Vegas zu benennen, wo Vergnügungseinrichtungen, Casinos, Spielhallen
und Hotels nach diesem Prinzip angelegt sind. Große Leuchtreklame-
schilder und Werbesignets ziehen die ganze Aufmerksamkeit an sich und
ersetzen die gestalterische Durchbildung von Architektur und Fassaden
dieser Gebäude, die allein von innen heraus organisiert sind. Robert
Venturi, Denise Scott-Brown und Steven Izenour sprechen daher in ihrer
Untersuchung zu Las Vegas von *decorated sheds*, also von dekorierten
Schuppen.

Damit ist eine Entwicklung beschrieben, die weltweit zu beobachten ist. Immer größere Bereiche des urbanen Territoriums, insbesondere der Peripherien und des stadtregionalen Umlandes, verändern drastisch ihr Gesicht unter dem Einfluss der sich ausbreitenden „Kisten". Da mittlerweile viele Wege des Alltags, insbesondere was das Einkaufen und den Konsum angeht, dorthin führen, sind viele Lebensbereiche von diesem gegen die Stadt und ihre öffentlichen Räume gerichteten Wandel betroffen.

Virtuelle Welten   Verstärkt werden diese Veränderungen durch den Einfluss der telematischen Entwicklungen und die wachsende Bedeutung virtueller Welten. So behauptet der Architekt Bernard Tschumi, dass das Internet die Gestalt und das Aussehen unserer Städte entscheidend verändern werde. Er gehe in keine Bank mehr, seit es das Internetbanking gebe. Entsprechend verhält es sich mit anderen Tätigkeiten wie Einkaufen und Behördengängen. Die historische Repräsentationsarchitektur, die darauf abzielte, den Inhalt eines Gebäudes in seinem Äußeren ablesbar zu machen, ist obsolet geworden. Eine Bank muss nicht mehr wie eine Bank aussehen. Wenn keiner mehr hingeht, genügt es womöglich, sie in einer ungestalteten „Kiste" unterzubringen.

Schlusswort

„Städte bauen heißt: Mit dem plastischen Hausmaterial Gruppen und Räume gestalten." (Albert Brinckmann, 1908)

Sind die Eigenarten und Strukturen der einzelnen Stadtbausteine erst einmal erkannt, kann dieses Wissen für die Betrachtung größerer (stadt-)räumlicher Zusammenhänge angewandt werden. Denn erst auf der Ebene eines Quartiers oder einer ganzen Stadt bilden die Stadtbausteine in ihrem Zusammenhang und Wechselspiel diejenigen Räume, in denen wir uns alltäglich bewegen, in denen wir wohnen und arbeiten. Auch wenn die einzelnen Bausteine im vorliegenden Band aus didaktischen Gründen getrennt beschrieben wurden, sind sie in der städtischen Realität in vielfältigen und spannungsreichen Verknüpfungen zu betrachten, welche die Lebenswirklichkeit(en) der Menschen ausmachen. Nur so ist es möglich, die Stadt als ein komplexes System räumlicher, funktionaler und sozialer Abhängigkeiten zu begreifen.

Innerhalb dieses Systems haben die Stadtbausteine eine zentrale Bedeutung. Denn als gebaute Struktur bestimmen sie über die möglichen Nutzungsweisen der individuellen Gebäude hinaus unmittelbar auch die unbebauten Zwischenräume der Stadt, d. h., die Straßen und Erschließungswege, die Plätze und Grünanlagen, in denen öffentliches (und auch privates) Leben stattfindet. Die daraus resultierenden räumlichen Verflechtungen und funktionalen Aneignungsweisen durch Bewohner und Besucher wirken ihrerseits auf die Konstitution der Stadtbausteine zurück.

Auf der Grundlage des vertieften Wissens um ihre Einzelelemente muss die Stadt als Ganzes betrachtet und gestaltet werden. Gerade angesichts der vielfältigen neuen Herausforderungen, welche aufgrund technologischer und demografischer, soziokultureller und ökonomischer Veränderungen gegenwärtig an die Städte herangetragen werden, darf dies nicht vergessen werden. Allzu oft werden städtische Teilbereiche als funktional und sozial isolierte Stadtfragmente geplant und entwickelt, wodurch die solcherart entstandenen „Inseln" zwar hinsichtlich bestimmter Nutzungen und Lebensstile optimiert werden können, dafür aber andere Bereiche der Stadt „abgehängt" werden. Wo das Zusammenspiel von Stadtbausteinen und gesamtstädtischer Vernetzung nicht funktioniert, lassen sich oft funktionale und räumliche Mangelerscheinungen beobachten, die schnell im ökonomischen und sozialen Bereich ihren Niederschlag finden. Die Verbindung der unterschiedlichen Teile der Stadt zu einem Gesamtgefüge muss deshalb ein zentrales Anliegen des Städtebaus sein.

Natürlich hat das Entstehen von weitläufigen Stadtregionen, weltweiten Metropolen und so genannten Megastädten allein durch die schiere Größe dieser großflächigen Agglomerationen sowie die damit einhergehende Differenzierung ihrer Gesellschaften zu Beginn des 21. Jahrhunderts die Gültigkeit tradierter Stadtvorstellungen und Stadtmodelle in vielerlei Hinsicht infrage gestellt. Dennoch sind viele Aufgaben im Städtebau nach wie vor die gleichen geblieben: Städtebau hat physische „Identität" sowie einprägsame Orte als funktionale und soziale Lebensräume zu schaffen; Städtebau hat den „Zwischenraum" und dabei insbesondere den für jedermann und jederzeit zugänglichen öffentlichen Raum zu gestalten; Städtebau hat den Ausgleich zwischen öffentlichen und privaten Belangen zu suchen.

In diesem Zusammenhang stellt die Beschäftigung mit den Stadtbausteinen einen ersten Schritt dar, die gebaute Struktur der Stadt in ihrer zentralen Bedeutung als physischen Lebens- und Kulturraum zu verstehen und als solchen weiter zu entwickeln. Auf dieser Basis werden die Randbedingungen und schließlich auch die Methoden des städtebaulichen Entwerfens erarbeitet. Für die Studierenden lassen sich daraus praktische Hinweise und Hilfestellungen ableiten, mit denen sie an die Aufgabe einer konzeptionellen Planung des urbanen Lebensraums herangeführt werden können. Der didaktische Weg und natürlich die Berufspraxis werden dabei über die ersten Bausteine der Stadt hinaus zu komplexeren Anlagen städtischer Räume leiten. Dort haben sich die hier eingeführten Begriffe in einem lebendigen und sich beständig wandelnden Umfeld zu bewähren.

LITERATUR

Leonardo Benevolo: *Die Geschichte der Stadt,* 9. Auflage, Campus
Verlag, Frankfurt a. M. 2007

Walter Benjamin: *Das Passagen-Werk,* Gesammelte Schriften, Band V,
Suhrkamp Verlag, Frankfurt a. M. 1991

Thorsten Bürklin, Michael Peterek: *Lokale Identitäten in der globalen
Stadtregion. „Alltagsrelevante Orte" im Ballungsraum Rhein-Main,*
IKO-Verlag, Frankfurt a. M. 2006

Gerhard Curdes: *Stadtstruktur und Stadtgestaltung,* 2. Auflage,
Verlag W. Kohlhammer, Stuttgart 1997

Peter Faller: *Der Wohnungsgrundriss,* DVA, München 2002

Marc Fester, Sabine Kraft, Elke Metzner: *Raum für soziales Leben,*
Verlag Müller C. F., Karlsruhe 1992

Robert Fishman: *Bourgeois Utopias. The Rise and Fall of Suburbia,*
Basic Books, New York 1987

Oswald Franz, Peter Baccini: *Netzstadt. Einführung in das
Stadtentwerfen,* Birkhäuser Verlag, Basel 2003

Jonas Geist: *Passagen. Ein Bautyp des 19. Jahrhunderts,* Prestel Verlag,
München 1982 (Erstausgabe 1969)

Rob van Gool, Lars Hertelt, Frank-Bertolt Raith, Leonhard Schenk:
Das niederländische Reihenhaus. Serie und Vielfalt, DVA, München
2000

Ebenezer Howard: *To-Morrow. A Peaceful Path to Real Reform,* London
1898 (dt. Neuausgabe: *Gartenstädte von morgen. Das Buch und
seine Geschichte*, Ullstein Verlag, Berlin 1968)

Vittorio Magnago Lampugnani u. a. (Hrsg.): *Handbuch zum Stadtrand.
Gestaltungsstrategien für den suburbanen Raum,* Birkhäuser Verlag,
Basel 2007

Le Corbusier: *La Charte d'Athènes,* Paris 1943 (dt. Ausgabe: *An die
Studenten. Die Charte d'Athènes,* Rowohlt Verlag, Reinbek 1962)

Le Corbusier: *La Ville Radieuse,* Boulogne-sur-Seine 1935

Le Corbusier: *Vers une architecture,* Les éditions Crès et Cie, Paris
1923 (dt. Ausgabe: *Ausblick auf eine Architektur,* Ullstein Verlag,
Berlin 1963)

Kevin Lynch: *The Image of the City,* MIT & Harvard University Press,
Cambridge/Mass. 1960 (dt. Ausgabe: *Das Bild der Stadt,*
Ullstein Verlag, Berlin 1965)

Andrea Palladio: *Die vier Bücher zur Architektur (I Quattro Libri
dell'Architettura),* Artemis Verlag, Zürich und München 1983

Philippe Panerai, Jean Castex, Jean-Charles Depaule: *Vom Block zur
Zeile. Wandlungen der Stadtstruktur,* Birkhäuser Verlag, Basel 2014

Michael Peterek: *Wohnung. Siedlung. Stadt. Paradigmen der Moderne 1910–1950,* Gebr. Mann Verlag, Berlin 2000

Dieter Prinz: *Städtebau. Band 1: Städtebauliches Entwerfen,* 7. überarb. Auflage, Verlag W. Kohlhammer, Stuttgart 1999

Dietmar Reinborn: *Städtebau im 19. und 20. Jahrhundert,* Verlag W. Kohlhammer, Stuttgart 1996

Aldo Rossi: *L'architettura della città,* Marsilio Editore, Padova 1966 (dt. Ausgabe: *Die Architektur der Stadt,* Bertelsmann Fachverlag, Düsseldorf 1973)

Camillo Sitte: *Der Städtebau nach seinen künstlerischen Grundsätzen,* Nachdruck der 4. Aufl. 1909, Birkhäuser Verlag, Basel 2007

Raymond Unwin: *Grundlagen des Städtebaus,* 2. verbesserte Auflage, Verlag Otto Baumgärtel, Berlin 1922

Robert Venturi, Denise Scott Brown, Steven Izenour: *Learning from Las Vegas,* MIT Press, Cambridge/Mass. 1972 (dt. Ausgabe: *Lernen von Las Vegas. Zur Ikonographie und Architektursymbolik der Geschäftsstadt,* Birkhäuser Verlag, Basel 2001)

DIE AUTOREN

Thorsten Bürklin, Prof. Dr. phil. Dipl.-Ing., Fachgebiet Geschichte und Theorie der Architektur, MSA Münster School of Architecture/FH Münster

Michael Peterek, Prof. Dr.-Ing., Fachgebiet Städtebau und Entwerfen, Frankfurt University of Applied Sciences, und Leiter des internationalen Masterstudiengangs „Urban Agglomerations"

EBENFALLS IN DIESER REIHE BEI BIRKHÄUSER ERSCHIENEN:

Entwerfen

Basics Entwerfen und Wohnen
Jan Krebs
ISBN 978-3-03821-521-9

Basics Entwurfsidee
Bert Bielefeld,
Sebastian El khouli
ISBN 978-3-0346-0675-2

Basics Methoden der Formfindung
Kari Jormakka
ISBN 978-3-0356-1032-1

Basics Materialität
M. Hegger, H. Drexler, M. Zeumer
ISBN 978-3-0356-0302-6

Basics Raumgestaltung
Ulrich Exner, Dietrich Pressel
ISBN 978-3-0356-1001-7

Basics Barrierefrei Planen
Isabella Skiba, Rahel Züger
ISBN 978-3-7643-8958-1

Als Kompendium erschienen:
Basics Entwurf
Bert Bielefeld (Hrsg.)
ISBN 978-3-03821-558-5

Darstellungsgrundlagen

Basics Freihandzeichnen
Florian Afflerbach
ISBN 978-3-03821-543-1

Basics CAD
Jan Krebs
ISBN 978-3-0356-1961-4

Basics Modellbau
Alexander Schilling
ISBN 978-3-0346-0677-6

Basics Technisches Zeichnen
Bert Bielefeld, Isabella Skiba
ISBN 978-3-0346-0676-9

Basics Architekturfotografie
Michael Heinrich
ISBN 978-3-03821-522-6

Als Kompendium erschienen:
Basics Architekturdarstellung
Bert Bielefeld (Hrsg.)
ISBN 978-3-03821-528-8

Konstruktion

Basics Stahlbau
Katrin Hanses
ISBN 978-3-0356-0364-4

Basics Betonbau
Katrin Hanses
ISBN 978-3-0356-0361-3

Basics Dachkonstruktion
Tanja Brotrück
ISBN 978-3-7643-7682-6

Basics Fassadenöffnungen
Roland Krippner, Florian Musso
ISBN 978-3-0356-2005-4

Basics Holzbau
Ludwig Steiger
ISBN 978-3-0346-1329-3

Basics Mauerwerksbau
Nils Kummer
ISBN 978-3-0356-1987-4

Basics Tragsysteme
Alfred Meistermann
ISBN 978-3-0356-2004-7

Basics Glasbau
Andreas Achilles, Diane Navratil
ISBN 978-3-0356-1988-1

Als Kompendium erschienen:
Basics Baukonstruktion
Bert Bielefeld (Hrsg.)
ISBN 978-3-0356-0371-2

Berufspraxis
Basics Kostenplanung
Bert Bielefeld, Roland Schneider
ISBN 978-3-03821-530-1

Basics Ausschreibung
T. Brandt, S. Th. Franssen
ISBN 978-3-03821-518-9

Basics Projektplanung
Hartmut Klein
ISBN 978-3-0356-2008-5

Basics Terminplanung
Bert Bielefeld
ISBN 978-3-0356-1627-9

Basics Bauleitung
Lars Phillip Rusch
ISBN 978-3-03821-519-6

Als Kompendium erschienen:
Basics Projekt Management
Architektur
Bert Bielefeld (Hrsg.)
ISBN 978-3-03821-461-8

Städtebau
Basics Stadtanalyse
Gerrit Schwalbach
ISBN 978-3-0356-2013-9

Bauphysik und Haustechnik
Basics Raumkonditionierung
Oliver Klein, Jörg Schlenger
ISBN 978-3-0356-1661-3

Basics Wasserkreislauf im Gebäude
Doris Haas-Arndt
ISBN 978-3-0356-0565-5

Landschaftsarchitektur
Basics Entwurfselement Pflanze
Regine Ellen Wöhrle,
Hans-Jörg Wöhrle
ISBN 978-3-0356-2009-2

Basics Entwurfselement Wasser
Axel Lohrer, Cornelia Bott
ISBN 978-3-0356-2010-8

Reihenherausgeber: Bert Bielefeld
Konzept: Bert Bielefeld, Annette Gref
Layout und Covergestaltung: Andreas Hidber
Satzherstellung und Produktion: Amelie Solbrig

Bibliografische Information der Deutschen
Nationalbibliothek
Die Deutsche Nationalbibliothek verzeichnet
diese Publikation in der Deutschen National-
bibliografie; detaillierte bibliografische Daten
sind im Internet über http://dnb.dnb.de
abrufbar.

Dieses Buch ist ebenfalls als Ebook
(ISBN PDF 978-3-0356-1307-0; ISBN EPUB
978-3-0356-1262-2) und in englischer Sprache
(ISBN Print 978-3-7643-8460-9; ISBN PDF
978-3-0356-1286-8; ISBN EPUB 978-3-0356-
1272-1) erschienen.

© 2016 Birkhäuser Verlag GmbH, Basel
Postfach 44, 4009 Basel, Schweiz
Ein Unternehmen der Walter de Gruyter GmbH,
Berlin/Boston

Gedruckt auf säurefreiem Papier, hergestellt
aus chlorfrei gebleichtem Zellstoff. TCF ∞

Printed in Germany

ISBN 978-3-0356-1002-4

9 8 7 6 5 4 3 2

www.birkhauser.com